AF359337

LE REMPLAÇANT,

MÉLODRAME

EN TROIS ACTES ET A SPECTACLE,

DE MM. BENJAMIN, SAINT-AMAND ET HENRY;

MUSIQUE DE M. AMÉDÉE;

BALLET DE M. BLACHE;

DÉCORS DE MM. JOANNIS ET DESFONTAINES;

MISE EN SCÈNE DE M. HUGUET.

Représenté, pour la première fois, sur le théâtre de l'Ambigu Comique,
le 26 juin 1828.

PARIS,

CHEZ LAMI, ÉDITEUR,

BOULEVART DU TEMPLE, N. 47.

ET CHEZ BOUQUIN DE LA SOUCHE, LIBRAIRE,

BOULEVART SAINT-MARTIN, N° 3.

—

1828.

PERSONNAGES.		ACTEURS.

DELMENCE, graveur..................... M. VALTER.
Mme DELMENCE, sa mère.............. Mme VERTEUIL.
HENRIETTE, sa sœur.................. Mlle LOUISE.
JULIEN, ouvrier bijoutier............. MM. DAVENNE.
DELIGNY, ouvrier doreur............ CHÉRI.
BERCOUR, agent d'affaires............ VAUTRIN.
CORVÉE, commissionnaire............ PAUL.
UN COMMISSAIRE DE POLICE............. BARON.
UN RESTAURATEUR...................... GILBERT.
GARÇON DU RESTAURANT........ ....
UN GARÇON D'ESTAMINET............... ALFRED.
Joueurs de Billard.
Commissionnaires.
Conscrits.
Peuple.

La Scène se passe, au 1er Acte, place de Grève, près la rue du Mouton ;

Au 2e, chez un traiteur hors barrière;

Au 3e, dans la maison du graveur Delmence.

NOTA. S'adresser, pour la mise en scène de ce mélodrame, à M. HUGUET, régisseur-général du théâtre de l'Ambigu-Comique.

IMPRIMERIE DE DAVID,
Boulevart Poissonnière, n. 6.

LE
REMPLAÇANT,

MÉLODRAME EN TROIS ACTES.

ACTE PREMIER.

Le théâtre représente le point de la rue du Monceau-Saint-Gervais
qui conduit, par l'arcade Saint-Jean, à la place de Grève.

SCÈNE PREMIÈRE.

DELIGNY, CORVÉE, Joueurs, Garçons, Conscrits, Peuple.

(Au lever du rideau, un tambour rassemble des conscrits autour de
lui ; les uns sortent de chez un marchand de vin, d'autres arrivent de
différens côtés ; quelques-uns sortent de la salle du tirage dont l'entrée
est supposée dans la coulisse, à gauche du spectateur ; Corvée et
quelques camarades regardent les conscrits se ranger sur deux files ;
Corvée est assis sur son crochet, à la porte du marchand de vin ; du
même côté est un café-estaminet avec quelques tables en dehors ; une
grosse lanterne est pendue au balcon du premier étage ; on y lit ces
mots : *Ici, on joue la poule* ; sur le balcon on aperçoit Deligny et des
joueurs de billard, tous la queue à la main ; en bas et sur la place,
d'autres joueurs sans chapeau, quelques-un d'entre eux ont aussi des
queues de billard ; les garçons de café et le marchand de vin sont sur
leur porte ; des passans sont arrêtés ; tout le monde semble attiré par
le bruit du tambour, et considère avec curiosité les numéros placés sur
le chapeau de chaque conscrit ; çà et là, des gens indiquent du doigt
tel ou tel conscrit, suivant qu'il porte un numéro plus ou moins élevé.)

DELIGNY.

Mais regardez-donc, le coup-d'œil est superbe !.... (*à ceux
d'en bas.*) Vous ne voyez rien vous autres ; c'est d'ici qu'on a
de l'agrément.

(Le tableau est fort animé ; lorsque le roulement de tambour est fini, les
conscrits défilent, et le tambour qui s'éloigne cesse bientôt de se faire
entendre.)

SCÈNE II.

CORVÉE , DELIGNY, Joueurs.

DELIGNY, *jetant un coup-d'œil en bas , et apercevant Corvée.*

Eh ! v'là mon p'etit commissionnaire.... (*à ceux qui l'entourent.*) C'est çà un bon enfant et un garçon d'confiance,
un vrai caniche pour la fidélité, c'est toujours lui que j'envoie
porter ma montre en gage, dans les temps de disette..... Eh
bien ! mais... voyez donc c'gaillard-là, il les regarde défiler,
et je croyais... Corvée... Eh Corvée !...

(4)

CORVÉE.

Qu'est-ce qui appelle ?

DELIGNY.

Ici, mon garçon, ici, sur le balcon.

CORVÉE.

Ah! c'est M. Deligny... Bonjour, M. Deligny.

DELIGNY.

Bonjour, mon garçon, bonjour; je te croyais du cortège !

CORVÉE.

Pas de celui-là, M. Deligny, c'est l'tirage du 3e arrondissement, que vous venez d'voir passer, moi j'suis du neuvième.

DELIGNY.

Ah! ah! oui, la deuxième série, ce n'est qu'à 11 heures que tu mets la main dans le sac.

CORVÉE.

Eh! mon Dieu oui, de compagnie avec M. Julien, vot'ami.

DELIGNY.

Ah! tiens, c'est vrai... Ce pauvre Julien, ce serait dommage qu'au moment de devenir le beau-frère de Delmence; (*à ceux qui l'entourent.*) le graveur, là, en face, au 5ᵉ; un beau talent, et rangé... c'est dommage que sa vue... voilà c'que c'est que l'excès du travail, on se tue ! (*à Corvée.*) Ah! bath, vous serez heureux, Julien et toi... aux derniers les bons... mais est-ce qu'il n'est pas encore descendu Julien ?

CORVÉE.

Ah! b'en oui, il y a beau jour; il est parti comme à son ordinaire, à sept heures sonnent, y courait à son atelier de bijouterie.

DELIGNY.

Ah! c'est fameux !.. allons, bonne chance... (*Corvée retourne vers ses camarades.*) Dites-donc, a-t-on jamais vu travailler un jour de tirage..... est-ce que ça ne vous fait pas l'effet du dimanche ?

UN JOUEUR.

Ça l'étonne toujours, lui, qu'on aime à travailler.

DELIGNY.

J'ai mieux fait qu'ça, moi... il y a un an, le jour de ma conscription, j'ai dit à mon doreur, adieu la boutique, bon soir les cadres, et j'ai pris ma volée hors barrière, tout carrément; ainsi, quand même je fusse tombé au sort, j'aurais pas eu de reproches à me faire. J'étais tranquillement à déjeûner avec un ami et deux bouteilles de blanc; M. le maire, qui, comme de raison, est à son affaire, et à la mienne par contre-coup, avait la bonté, en mon absence, de m'attraper l'avant dernier numéro, le 412, rien que ça... et c'est pas étonnant, voyez-vous, parce que c'est vrai, on a toujours plus de bonheur pour les autres que pour soi-même, et j'va en donner une preuve... (*s'adressant à des joueurs qui jouent au premier sur le balcon.*) Voulez-vous que je tire une bille pour vous?...

LE JOUEUR.

Volontiers.

DELIGNY.

Eh bien! regardez... Une supposition, voilà les conscrits... on appelle... vous ne soufflez pas... j'suis M. l'maire... je remue, je remue, et j'amène... l'as!

LE JOUEUR.

Que le diable vous emporte!

(Tout le monde rit.)

DELIGNY.

Riez, riez, messieurs, qu'est-ce que ça prouve?

UNE VOIX, *dans la coulisse.*

Au 15 à jouer... le 15 absent... à la pénitence, au 16.

DELIGNY, *très-haut.*

Eh c'est moi qui suis le 15... un moment, messieurs, pas de pénitence, s'il vous plait, me voilà, me voilà... ça n'empêche pas qu'aussitôt la poule finie, j'irai joliment tirer c'pauvre Julien de sa fabrique. (*Il rentre.*)

CORVÉE, *qui a écouté le couplet de Deligny à ses camarades.*

Heim! est-il drôle ce M. Deligny, c'est un fameux farceur, et pas fier, allez. Ah! ça, vous régalez ce matin, buvons un coup... vous savez qu'c'est tantôt réunion générale, les conscrits et leurs familles, à la barrière de l'Etoile, chez Ravel... Garçon! une chopine et quatre verres... et du dernier fait, entends-tu? c'est toujours plus sûr. (*On verse sur le comptoir, Corvée et ses camarades restent sur le pas de la porte.*

SCÈNE III.

CORVÉE, DELMENCE, *très-agité, sortant de chez lui,* Commissionnaires.

CORVÉE.

Tiens, voilà M. Delmence, qui s'promène de bonne heure, aujourd'hui tout l'monde est en l'air.

DELMENCE, *à lui-même.*

Sortons, oui sortons, j'ai besoin de changer de place... ma tête brûle, et je frissonne pourtant, je n'aurais jamais pu supporter les premiers regards de ma mère, mon agitation l'eût frappée; pauvre mère! elle dormait profondément; j'entendais encore cette nuit, presqu'à mes côtés, sa respiration tranquille; lorsque, la terreur dans l'âme, je consommais en frémissant... Ah! je devais surtout frémir de l'idée de ma famille en proie à la misère.

CORVÉE.

J'suis ben sûr qu'il pense à M. Julien, pour le quart d'heure, et qu'c'est ça qui lui donne l'air si préoccupé... c'est qu'un bon ouvrier d'moins dans une maison qui a d'la charge, ça fait faute.

DELMENCE.

J'ai frappé à toutes les portes, personne ne m'a répondu... j'ai demandé à ceux qui me doivent, je n'ai pu rien arracher ; tout ce que j'avais de précieux a été vendu lors de ma dernière maladie, avec ma vue presqu'éteinte, quelles ressources me restent ?... qui s'occupera de la meilleure des mères, de l'avenir de ma sœur, si Julien tombe au sort ?... Non, non, Julien ne vous sera point enlevé ; Julien vous restera...

CORVÉE, *à ses camarades sortant du cabaret.*

Moi, que l'numéro soit bon ou mauvais, j'partirai tout d'même ; mais bon, ça m'irait mieux, parce que je m'offrirais pour remplaçant.

DELMENCE.

Qui parle d'un remplaçant ?..... c'est le commissionnaire Corvée.

CORVÉE, *à ses amis.*

J'demanderais pas mieux que de m'arranger avec quelques braves gens, si vous en connaissez.

DELMENCE.

Il consentirait à prendre la place ?

CORVÉE, *à ses amis.*

J'ai du goût pour l'état militaire, moi, et moyennant une somme d'argent raisonnable.

DELMENCE.

Oui de l'argent, toujours de l'argent, et le malheureux qui ne peut en avoir qu'au prix du crime.... où fuir cette horrible pensée.... où me fuir moi-même !....

CORVÉE, *à ses amis.*

Mais voyez-vous, avant d'y penser, faut avoir un bon numéro. C'est c' que nous saurons plus tard. A tantôt, soyez exacts au rendez-vous, à deux heures à la barrière de l'Étoile.

LES CAMARADES.

C'est bon, c'est bon.

(Ils se séparent et sortent.)

SCÈNE IV.

CORVÉE, (*dans la rue.*) DELIGNY, (*reparaissant sur le balcon.*)

DELIGNY, *parlant aux gens du billard.*

Allons donc, je vous dis qu' c'est un racroc.... vous me jouiez au doublé et je suis fait au même.

UNE VOIX, *en dedans.*

Silence ! Messieurs....

DELIGNY.

Puisque j' suis mort, j' peux ben parler.... et d'ailleurs je suis dehors. (*u Corvée.*) Tu es donc toujours là, toi ?... et Julien n'est pas r'venu ?...

CORVÉE.

Il ne viendra qu'à l'heure du tirage.

DELIGNY.

Je ne conçois pas ce garçon-là.... j' m'en vas l'aller trouver et lui faire entendre raison.

(Il disparaît du balcon.)

(Corvée va s'asseoir sur son crochet; il disparaît dans le courant des scènes suivantes.)

SCÈNE V.

BERCOUR. (*Il parle à la coulisse.*)

Non, non, il est inutile de te planter là en travers... Conduis le cabriolet à l'entrée de la vieille rue du Temple, dans l'encoignure et attends-moi : (*il arrive en scène son carnet à la main.*) «Chez Delmence pour la retouche de mes gravures.» m'y voila. (*il écrit.*) « Chez Ravel, à la barrière de l'étoile, traiter d'une partie de vins étrangers. » Affaire importante.... « Propositions décisives à cette petite Henriette. » Charmante enfant, j'ai bien fait de la placer à la lingerie de ce restaurant.... éloigné. Je pourrais beaucoup mieux pour elle, mais ces Delmence sont si scrupuleux; j'y songerai. « Rue Ste-Anne, chez mon agent de change... » Ce diable d'homme m'a embarqué dans une affaire scabreuse.... on parle de hausse, et je joue gros jeu... « A trois heures la bourse. » Oh ! c'est mon habitude, voilà ma journée... commençons par Delmence.

SCÈNE VI.

BERCOUR, DELIGNY.

DELIGNY, *sortant du café.*

Vous mettrez ça sur mon compte, entendez-vous ? la quinzaine prochaine nous règlerons ensemble. (*à Bercourt qu'il heurte.*) M. Bercour... Ah ! pardon !

BERCOUR.

Parbleu ! Je suis fort aise de vous rencontrer, Monsieur l'homme de parole.

DELIGNY, *à part.*

Allons, voilà qu'il va me parler de sa besogne.

BERCOUR.

C'est donc ainsi que vous m'avez apporté les trois cadres dorés que je vous ai demandés ?

DELIGNY.

J' m'en vas vous dire, Monsieur Bercour, c'est que...

BERCOUR.

C'est que vous êtes l'ouvrier le plus négligent.... et sans votre habileté, depuis long-temps vous n'auriez plus une seulepratique.

(8)

DELIGNY.

Eh ! mon Dieu ! Monsieur Bercour, vous n'êtes pas le seul
qui m'adressiez des reproches, moi aussi j' m'en fais, surtout
quand je n'ai pas le sou, mais du moment que je me sens une
pièce de cinq francs ou deux dans le gousset, c'est plus fort que
moi.

BERCOUR.

Et dans ce moment vous êtes en fonds ?

DELIGNY.

Pas autant que je le voudrais, mais c'pendant il y a encore du
monde à l'appel.

(Il frappe sur son gousset.)

BERCOUR.

Dépêchez-vous donc d'épuiser vos finances, car le retard que
Delmence et vous me faites éprouver me contrarie beaucoup.

DELIGNY.

Soyez tranquille. La journée n'a pas bien commencé....
encore deux ou trois poules comme celle de tout à l'heure, et
demain soir vous aurez votre affaire; en attendant, permettez?..

(Il tire deux cigares de sa poche.)

BERCOUR.

A votre aise.

DELIGNY.

Si vous voulez faire comme moi, ne vous gênez pas, c'est
d' la Havane, j' dis de la Havane à deux sous, vous comprenez ?...

BERCOUR.

Je vous remercie.... (à part.) L'originalité de ce garçon-là
me fait naître une singulière idée....Parbleu ! pourquoi pas?...
Il servirait au mieux mes projets, oui, c'est bien l'homme que
je cherche.... Écoutez Deligny.

DELIGNY.

Présent.

BERCOUR.

Que diriez-vous d'une proposition qui vous mettrait à même
de vivre à l'avenir comme vous l'entendriez ?

DELIGNY.

Comme je l'entendrais ?.. Ah ! ça entendons-nous, sans rien
faire... à ma volonté ?

BERCOUR.

Précisément.

DELIGNY.

Mais dame... j' dirais que la proposition est comme le propo-
sant, fort aimable.

BERCOUR.

Eh bien ! aussitôt que j'aurai causé avec un tiers dont il faut

(9)

que je connaisse les idées, nous aurons ensemble une petite conversation.

DELIGNY.

Eh bien! Monsieur Bercour, dès qu'il vous plaira, faites-moi
avertir là, à l'estaminet, j'y fais élection de domicile pour toute
la journée.

BERCOUR.

C'est bon. (*à part.*) J'aperçois justement Henriette, Mad.
Delmence l'accompagne... C'est égal, tâchons d'obtenir...
(Pendant ces mots, Deligny a été prendre du feu à la porte de l'estaminet;
il fume pendant la scène suivante et reste à l'écart, mais cependant
il écoute souvent, et observe toujours.)

SCÈNE VII.

Les Mêmes, Mad. DELMENCE, HENRIETTE.

HENRIETTE, *à sa mère.*

Ce vilain frère-là finira par se rendre tout-à-fait malade par
excès d'affection pour nous, ne manquez pas de lui en faire des
reproches, entendez-vous?

Mad. DELMENCE.

Sois tranquille, mon enfant.

HENRIETTE.

Pour moi, je me promets bien de le gronder, lorsque je reviendrai connaître le sort de notre pauvre Julien.

BERCOUR, *à part.*

Julien, toujours Julien!

HENRIETTE.

Adieu, ma mère.

BERCOUR, *s'avançant de façon à écarter Henriette.*

Mesdames, je vous souhaite le bonjour.

HENRIETTE, *surprise.*

Monsieur Bercour!

BERCOUR, *à Mad. Delmence.*

J'allais chez vous, et je me félicite du hazard qui m'amène à
temps pour vous rencontrer... Vous sortiez à ce qu'il parait.

Mad. DELMENCE.

Monsieur, j'allais faire quelques emplettes, et notre Henriette
allait à ses occupations..., il parait qu'elle est toujours bien vue
dans sa maison.

BERCOUR.

Comment donc, on est enchanté de Mademoiselle, tout le
monde en fait l'éloge.

HENRIETTE.

Ah! Monsieur!

BERCOUR.

Non, vrai!...depuis la maîtresse jusqu'aux derniers garçons,
c'est à qui vantera son activité, son zèle, ses manières affables
pour chacun, son extrême douceur.

2

MAD. DELMENCE.

Vous ne pouviez rien me dire de plus agréable ! Henriette n'a que ce moyen de reconnaître, comme elle doit, la bonté, l'empressement que vous avez mis à lui procurer cette occupation, au moment où une banqueroute nous enlevait le fruit de douze années de travail et d'économie.

BERCOUR.

Si j'ai un regret, c'est de n'avoir pu mieux faire pour une famille estimable, pour une jeune personne aussi intéressante par sa beauté que par ses vertus.

HENRIETTE, *avec modestie.*

De grâce ! Monsieur....

DELIGNY, *observant Bercour.*

Fait-il des yeux à la demoiselle, le protecteur ?

MAD. DELMENCE, *à Bercour.*

Dans notre position, des appointemens fixe, quelques modiques qu'ils soient, offrent toujours un avantage... Ce sont de petites échéances sur lesquelles on peut compter ; enfin croyez bien que notre reconnaissance à tous est sans bornes.

DELIGNY, *à part.*

Brave mère !...

BERCOUR.

Que je puisse faire tout ce que je désire, et alors....

DELIGNY, *à part.*

Oui, alors j'ai dans l'idée....

BERCOUR.

Savez-vous si Delmence a terminé la retouche des planches que je lui ai confiées ?

MAD. DELMENCE.

Je suppose que c'est pour cela qu'il aura encore passé à notre insu toute la nuit à travailler.

BERCOUR.

Comment ?

HENRIETTE.

Oh ! mon Dieu ! oui, depuis trois mois environ, mon frère se livre à des travaux qui surpassent ses forces ; nous lui avons dit vingt fois qu'il se tuerait avec ses veilles continuelles, il nous fait les plus belles promesses et n'en agit pas moins à sa tête.

MAD. DELMENCE.

Elle a raison... tout à l'heure encore je viens d'acquérir la certitude qu'il avait passé à l'atelier tout le temps de son sommeil.

BERCOUR.

D'où vient donc que, depuis je ne sais combien de temps, je ne puis obtenir qu'il termine ce qu'il a dans les mains... Il se rejette sans cesse sur son infirmité, il me renvoie de semaine en semaine , de mois en mois... Je dois croire que sans doute occupé pour d'autres, il néglige mon travail .. ce procédé ne serait pas bien, j'aurais lieu d'en être blessé , et je lui en témoignerais mon mécontentement.

HENRIETTE.

Eh ! de grâce, ménagez mon pauvre frère !... Toujours occupé d'améliorer le sort de sa famille, il entreprend plus qu'il ne peut et mécontente ainsi ceux qui l'occupent ; mais soyez sûr qu'il fera tout pour vous appaiser.

BERCOUR.

La prière a trop de grâce dans votre bouche , pour que je lui refuse rien.

DELIGNY , *qui l'observe toujours.*

Il en tient... c'est positif.

HENRIETTE.

Oh ! Monsieur, combien je vous remercie !... Il a déjà tant de tourment....

BERCOUR , à *part.*

Bien par sa faute.

Mad. DELMENCE.

Tant de chagrin !...

BERCOUR , *à part.*

S'il avait voulu me croire dans le temps...

HENRIETTE.

Tant de fatigue !...

BERCOUR , *à part.*

Il roulerait voiture aujourd'hui.

Mad. DELMENCE.

Je ne pense pas sans effroi qu'avant peu , s'il continue , le résultat de tout le mal qu'il se donne sera une cécité absolue.

BERCOUR.

Sans doute vos craintes exagèrent.

Mad. DELMENCE.

Non, monsieur, le médecin, l'en a menacé, s'il ne se donnait un peu de relâche , et que deviendrons-nous alors ?... Avec cela que nous sommes d'une inquiétude relativement à Julien.

BERCOUR.

Il paraît que c'est un honnête homme ?... mais comment Delmence avec une famille à soutenir déjà, s'est-il embarrassé d'un enfant inconnu.

Mad. DELMENCE.

Ah ! Monsieur, la bonne action a déjà sa récompense... Le premier argent que lui a rapporté l'état de bijoutier que nous lui avons fait apprendre, c'est pour nous qu'il en a fait usage. Oui, Monsieur, c'est lui seul, à l'âge de dix-huit ans, pendant une maladie de Delmence , qui a soutenu, défrayé toute la maison.

BERCOUR.

Il a fait son devoir...

HENRIETTE.

S'il allait être forcé de partir?

BERCOUR.

Eh bien! il n'est pas le seul homme au monde auquel vous puissiez avoir recours .. tout ce que je viens d'entendre, m'a touché sensiblement.

DELIGNY, *à part.*

J'entends bien.

Mad. DELMENCE, *à Henriette.*

Mon enfant, l'heure s'avance, et si tu veux obtenir la permission de revenir dans la matinée, il faut te rendre à la lingerie.

HENRIETTE.

Je pars, ma mère.

BERCOUR, *à lui-même.*

Elle va s'éloigner, l'occasion est favorable.

Mad. DELMENCE.

Vous, Monsieur, si vous voulez monter; Delmence est absent, mais il ne saurait tarder.

BERCOUR.

Je ne puis en ce moment.

DELIGNY, *à part.*

Je l'aurais gagé!

BERCOUR.

Je le verrai plus tard... mes affaires m'appellent, j'ai mon cabriolet à deux pas d'ici... Là, si mademoiselle Henriette le veut bien, nous causerons en marchant d'une affaire (*regardant la mère et la fille*) qui l'intéresse particulièrement.

Mad. DELMENCE.

Qui l'intéresse ?...

HENRIETTE.

Moi ?...

BERCOUR.

Oui, vous..., Madame votre mère, la famille..., mais je ne puis en faire part à personne avant d'avoir votre assentiment.

HENRIETTE.

Que signifie...

BERCOUR, *à Mad. Delmence.*

Vous permettez, Madame ?...

Mad. DELMENCE.

A qui pourrions-nous mieux accorder notre confiance ?...

BERCOUR.

Veuillez prendre mon bras.

HENRIETTE.

Au revoir, ma bonne mère.

DELIGNY, *à part.*

Allons, allons, j'en suis pour ce que j'ai dit... L'ancien a des projets, je dirai la dessus mon sentiment à qui de droit.

(Bercour et Henriette sortent.)

SCÈNE VIII.

DELIGNY, *qui s'est rapproché de Mad. Delmence.*

Bonjour, madame Delmence.

Mad. DELMENCE.

Ah ! tu étais là, bon sujet ?...

DELIGNY.

Ce monsieur Bercour semble prendre un grand intérêt à votre famille.

Mad. DELMENCE.

Dans toutes les circonstances, je l'ai vu disposé à nous rendre service.

DELIGNY.

Oui, comme à beaucoup d'autres, quand il y trouve son intérêt.... on connaît ça.

Mad. DELMENCE.

Quest-ce que tu dis donc ?

DELIGNY.

Moi, rien.... seulement on a des yeux, des oreilles, et avec un peu de bon sens.... dites-moi, Delmence est lié depuis long-temps avec lui ?

Mad. DELMENCE.

Il était lié autrefois, mais depuis deux ans, je ne sais pourquoi mon fils a changé tout-à-fait à son égard ; on dirait que la présence de M. Bercour lui est désagréable, et depuis qu'il est souffrant, je crois que c'est encore plus fort.

DELIGNY.

Pas possible !... eh bien, tenez, maman Delmence, ça n'm'étonne pas, et moi qui vous parle.... mais il ne s'agit pas de ça, les propos, ce n'est pas mon genre.... parlons donc de Julien, qui pense à travailler aujourd'hui : il me semble que le jour où l'on a l'honneur d'être appelé devant les autorités du département pour une affaire aussi conséquente, c'est ben l'cas d'prendre un peu de divertissement.

Mad. DELMENCE.

Il est des circonstances, mon ami....

DELIGNY.

J'entends bien, oui, j'ai entendu, et moi qui n'savais pas.... j'me disais : j'vois tous les matins Mad. Delmence, à son âge, aller aux provisions dans l'quartier.... pourquoi donc qu'elle n'a plus c'te petite bonne si alerte ? elle était gentille, votre bonne.

MAD. DELMENCE.

Quand on n'a plus de quoi se faire servir, il faut bien....

DELIGNY.

C'est vrai, tout d'même.... Delmence malade, Julien bien aventuré.... voilà pourtant la première fois que je réfléchis à tout cela ... ce pauvre Delmence n'a donc pu rattraper un sou de ses épargnes ?

MAD. DELMENCE.

Ah ! mon Dieu, non.... douze mille francs placés chez le même négociant ont été fondus dans la faillite.

DELIGNY.

Le misérable !.... et dire qu'il n'y a pas une justice qui atteigne ces coquins-là partout où ils se réfugient.... mais, Mad. Delmence, tout n'est pas encore désespéré, un bon numéro et Julien vous reste.... mais enfin s'il est obligé de partir, comptez sur moi.... je suis paresseux, c'est vrai, mais j'suis de première force au billard.... et après tout, le ciel n'abandonne jamais les honnêtes gens.

MAD. DELMENCE.

Brave garçon !

DELIGNY.

Et moi, qui vous retiens là....

MAD. DELMENCE.

En effet, Delmence ne tardera pas à rentrer, et il faut que je me hâte.... au revoir, mon ami ; surtout, si tu rencontres Julien, je t'en prie, ne le détourne pas de ses occupations.

DELIGNY.

Moi, après ce que vous v'nez de dire, plutôt que de le déranger, j'aimerais mieux travailler avec lui.... ainsi, soyez tranquille....

MAD. DELMENCE.

Quel dommage que la tête.... au revoir, Deligny.

DELIGNY.

Bien le bonjour, madame Delmence.

SCÈNE IX.

DELIGNY (*seul.*)

Voyez un peu c'que c'est.... v'la bien sans contredit la plus honnête famille, la plus respectable.... ça a de l'ordre, ça travaille, ça n'vit que d'privations et ça n'a qu'des infirmités et d'la misère.... tandis que moi, paresseux, dissipé, sans conduite, je fais bombance, je me porte bien et n'ai pas de souci....avec tout ça, je ne les croyais pas si mal dans leurs affaires.... et Julien, Julien qui me laisse ignorer.... c'est très-mal, car enfin si j'avais pu prévoir.... j'aurais mis quelque chose de côté, avec ça que depuis quelque temps j'étais en veine, tandis

que d'aujourd'hui.... mais qu'il me tombe sous la main....
pardieu ! il arrive à propos, je ne le ménagerai point.

SCÈNE X.

DELIGNY, JULIEN.

DELIGNY.

Halte-là.

JULIEN.

Ah ! c'est toi, mon cher Deligny.

DELIGNY.

Deux mots, monsieur le discret ?

JULIEN.

Qu'est-ce que tu as donc, avec ton air sérieux ?

DELIGNY.

Je suis fâché.... écoute, Julien, si j'étais dans la peine, que
j'eusse un camarade tel que toi et que je lui fisse mystère de ma
position, ne serais-je pas coupable ?

JULIEN.

Mon ami....

DELIGNY.

Réponds.... serais-je coupable ?... oui, parce que j'aurais
l'air de douter de son amitié et que ce doute serait une injure.
Eh bien ! réfléchis à ta réserve à mon égard et juge-toi.

JULIEN.

Tu sais donc ?...

DELIGNY.

Je sais tout.... tes efforts, leurs chagrins, votre gêne....

JULIEN.

Hélas ! mon ami, c'est ce matin même que tout ça va éclater
de façon ou d'autre.... le ciel m'est témoin que ce n'est pas
pour moi que je redoute le coup qui nous menace ; servir mon
pays n'a rien que de juste et d'honorable à mes yeux.... mais
quitter ceux qui ont pris soin de mon enfance au moment où je
sais qu'ils ont besoin de moi, quand je pourrais leur témoigner
ma reconnaissance, penser à chaque pas qui m'éloignera d'eux...
que font-ils ?... comment vivent-ils ?... Ah ! cette idée-là me
déchire le cœur !... Henriette, ma bonne Henriette qui depuis
notre plus jeune âge n'a pas eu à me reprocher une absence
même d'un jour, conçois-tu sa douleur et la mienne, si une
cruelle séparation....

DELIGNY.

Oui, je conçois tout cela, et voilà pourquoi je t'en veux....
je sais bien que ma conduite n'est pas faite pour inspirer beaucoup de confiance, mais mon cœur, tu as été quelquefois à
même de l'apprécier.

JULIEN.

Eh ! mon ami, je savais bien que je t'affligerais.

DELIGNY.

Oui, parce que je n'aurais pu rien faire pour te tirer du mauvais pas où tu te trouves, c'est possible.... mais n'est-ce donc rien que de partager tes peines!   . et d'ailleurs quand ça n'eût fait que de m'épargner un reproche.

JULIEN.

Lequel?

DELIGNY.

Celui de t'avoir trop souvent détourné de ton travail.... entraîné, contraint parfois d'imiter mes folies.... allons, viens ici faire la paix, nous causerons plus à notre aise. (*Il indique les tables du café.*)

JULIEN.

Mon ami, je ne puis en ce moment.

DELIGNY.

Laisse donc.... causer ici ou là.... (*Il appelle.*) Garçon, deux petits verres?

JULIEN.

Encore une fois....

DELIGNY, *le faisant asseoir de force sur un tabouret.*

Eh! assieds-toi, te dis-je.... ah ça! raisonnons un peu, dans le cas, car il faut tout prévoir, où tu aurais une mauvaise chance, n'as-tu pas quelque moyen d'exemption?

JULIEE.

Aucun, et à moins d'un remplaçant...

DELIGNY.

J'entends bien, mais un remplaçant...

JULIEN.

Coûte au moins mille écus... et une pareille somme...

DELIGNY.

Ne se trouve pas dans les pas d'un cheval, comme dit l'autre, et il faudrait gagner bien des poules... Dans vos connaissances, n'auriez-vous pas quelqu'un qui pourrait vous prêter...

JULIEN.

Je ne vois que M. Bercour....

DELIGNY.

Bercour?...

JULIEN.

Oui, il a donné des preuves d'intérêt à la famille, et quoiqu'il soit un peu fier avec moi...

DELIGNY.

Ne compte pas sur lui.

JULIEN.

Pourquoi?..... S'il voulait entendre à des arrangemens..... prendre des intérêts...

DELIGNY.

Il ne fera rien de tout cela pour deux raisons : la première, c'est

que tous ces faiseurs d'affaires n'ont jamais le sou pour les petites circonstances ; tout le monde connaît cela... Leur avoir est
sur la place... Aujourd'hui millionnaires, et demain ruinés !...
et pour cause, ayant toujours un passeport en poche... Quant
à la deuxième, c'est le résultat de mes observations... Ce que
j'ai vu, ou cru voir, car c'est délicat en diable à toucher... Je
crois... je ne fais que croire... à vue de pays... mais, comme
disent les bonnes gens, n'y pas de fumée sans...

JULIEN.

Achève donc ?... tu me fais bouillir le sang !...

DELIGNY.

Eh bien ! je crois qu'avec tous ses beaux semblant d'intérêt
pour la famille, l'ami Bercour a tout simplement envie de te
souffler...

JULIEN.

Henriette ?...

DELIGNY, *plus bas.*

Oui, je le crois amoureux d'Henriette ; et il n'est pas pro-
bable qu'il contribue à retenir auprès d'elle le seul homme dont
la présence pourrait nuire à ses desseins.

JULIEN.

Quoi ! tu supposerais ?...

DELIGNY.

Dame ! entre nous, je ne crois pas beaucoup à la moralité de
Bercour, parce que j'ai déjà sur son compte deux ou trois traits
de ce genre-là... entr'autres, je m'rapelle un jour... ah ! était-il
vexé !... J'suis entré dans son cabinet assez brusquement, c'est
vrai ; il parlait avec feu à une jeune personne qui a profité de
ma présence pour s'enfuir comme si le diable l'emportait.

JULIEN.

Ce que tu me dis accroît mon inquiétude... Hélas ! faudra-
t-il laisser Henriette à la merci d'un séducteur !... Mais Henriette est trop sage...

DELIGNY.

Oui, mais il y a tant de moyens... et je crois Bercour capable
de tout... Je le connais de longue main, et quoique tout-à-
l'heure, il m'ait promis de faire quelque chose pour moi, je ne
suis pas sa dupe... ben sûr qu'il y a son intérêt... Dans tous les
cas, je ne le perds pas de vue, et s'il avait de mauvais desseins,
halte-là !

SCÈNE XI.

Les Mêmes, Madame DELMENCE.

MAD. DELMENCE.

Comment, Julien ?... (à *Deligny.*) Deligny, voilà donc
comment vous tenez votre parole ?...

DELIGNY.

C'est pourtant vrai.... Que voulez-vous, Mad. Delmence, la force de l'habitude... mais, pour le coup, je vous réponds... Pourrait-on vous offrir quelque chose ?...

MAD. DELMENCE, *souriant.*

L'étourdi !...

DELIGNY.

Du doux ?...

MAD. DELMENCE.

Je te remercie... Julien, tu vas me suivre.

JULIEN.

Oui, ma mère.

DELIGNY.

Ah ! doucement... on ne s'en va pas sur une jambe... Permettez au moins que nous redoublions...

JULIEN.

Non, mon ami ; c'est assez... l'heure s'avance, et je ne puis rester plus long-temps...

DELIGNY.

C'est juste : le devoir avant tout, et d'ailleurs, entre amis, pas de gêne..., à ton aise.

(Il reconduit Mad. Delmence et Julien jusqu'à leur porte ; pendant ce temps, Bercour reparaît.)

SCÈNE XII.

BERCOUR, DELIGNY.

BERCOUR, *à lui-même.*

Oui, si le sort est contraire à Julien, je puis tout espérer... Henriette, étourdie d'abord de la proposition, n'a su que répondre... mais elle est frappée... son attachement pour sa famille fera le reste... Assurons-nous de Deligny.

DELIGNY.

Quoi ! déjà de retour ?

BERCOUR.

Oui ; et je vois avec plaisir que cette fois, au moins, vous vous piquez d'exactitude.

DELIGNY.

Ecoutez donc, le peu que vous m'avez dit tan tôt, m'a trop chatouillé l'oreille pour que je ne desire pas savoir à quoi m'en tenir.

BERCOUR.

Ce que j'ai à vous proposer est plus sérieux que vous ne pensez...

DELIGNY.

Diable ! tant pis, car les affaires sérieuses, ça ne me va pas beaucoup.

BERCOUR.

Je crois pourtant que ma proposition doit vous être agréable.

DELIGNY.

En ce cas, expliquez-vous.

BERCOUR.

Le lieu n'est pas convenable...

DELIGNY, *montrant le café.*

Si vous voulez entrer...

BERCOUR.

Non... je reviens seulement m'assurer de vous... Je ne pense pas qu'un bon déjeuner vous fasse peur ?...

DELIGNY.

Vous me connaissez bien !...

BERCOUR.

Il est dix heures ; si vous voulez être à midi chez Ravel, barrière de l'Etoile....

DELIGNY.

Va pour midi. (*A part.*) Eh ! cet homme a du bon.

BERCOUR.

Le premier venu attendra l'autre ; je compte sur votre exactitude.

DELIGNY.

C'est à la vie, à la mort.

SCÈNE XIII.

LES MÊMES, UN GARÇON DE BILLARD, *sur le balcon.*

LE GARÇON.

M. Deligny, on commence une nouvelle poule.

DELIGNY.

Prenez une bille pour moi. (*Le garçon se retire.*) (*A Bercour.*) Pardon, M. Bercour. vous l'entendez ; il s'agit d'une queue d'honneur ; c'est au profit des Grecs.

BERCOUR.

C'est trop juste ; aussi bien j'aperçois Delmence, il faut que je lui parle.

SCÈNE XIV.

LES MÊMES, DELMENCE.

DELMENCE, *dans une vive agitation.*

Depuis trois jours que j'ai entrepris cette tâche affreuse, je ne vis plus... Ah ! je serais trop malheureux ! Quelqu'en soit le résultat, anéantissons jusqu'aux traces même de ma funeste entreprise ! (*Il va pour entrer chez lui.*)

DELIGNY, *sur le balcon.*

Bonjour, Delmence

DELMENCE.

Qui me parle ? ah ! Deligny.

DELIGNY.

Moi-même.

LE GARÇON DE BILLARD, *en dedans.*

Au billard, Messieurs !

DELIGNY.

Je ne t'en dis pas plus long.

LE GARÇON.

Au billard, Messieurs !

DELIGNY.

Tu l'entends!... au revoir.

(Il entre dans le café.)

SCÈNE XV.

LES MÊMES, EXCEPTÉ DELIGNY.

DELMENCE, *qui semble avoir pris une résolution.*

Allons...

BERCOUR.

Delmence !

DELMENCE.

Ciel ! Bercour.

BERCOUR, *l'arrêtant.*

Enfin, je vous rencontre ! je suis déjà venu ce matin pour vous voir ; je n'ai que deux mots à vous dire, au reste.

DELMENCE.

Sans doute, relativement à vos planches ?

BERCOUR.

L'ouvrage est achevé, j'espère.

DELMENCE.

Pas encore, Monsieur.

BERCOUR.

Pas encore !

DELMENCE.

Excusez-moi de ce long retard. Un mal d'yeux toujours plus pénible, trahit mon ardeur ; je puis à peine travailler une heure par jour, et le reste du temps, il faut prendre un repos forcé qui me désespère !

BERCOUR.

Pourquoi m'abuser ?

DELMENCE.

Moi ! Monsieur ?

BERCOUR.

Vous-même.

DELMENCE.

Que voulez-vous dire ?

BERCOUR.

Que c'est votre activité, toujours croissante, qui redouble votre mal.

DELMENCE.

Monsieur, je vous jure...

BERCOUR.

Vous avez tort de vouloir vous en défendre ; je le tiens de bonne part.

(21)

DELMENCE, *à lui-même.*

Comment sait-on ?..

BERCOUR.

Vous allez jusqu'à prendre sur le temps d'un sommeil qui vous serait si nécessaire.

DELMENCE, *à lui-même.*

Grand Dieu! ayez pitié de moi.

BERCOUR.

Et cette nuit encore.....

DELMENCE, *avec effroi.*

Cette nuit..... eh bien! qui vous a dit?...

BERCOUR.

Votre mère, votre sœur.

DELMENCE : *à part.*

Je croyais avoir pris toutes les précautions.

BERCOUR.

Que les suites d'un travail aussi opiniâtre inquiètent à juste titre.

DELMENCE, *les mains sur la poitrine.*

Je ne respirais plus!... S'il savait.....

BERCOUR.

Ma conduite avec vous méritait peut-être plus d'égards, ensuite vous êtes libre de disposer de votre temps et de votre talent en faveur de qui bon vous semble; seulement vous ne serez pas surpris que je confie à un autre ce que vous paraissez ne vouloir ou ne pouvoir terminer.

DELMENCE.

Oui, je l'avoue, j'ai mis de la négligence....

BERCOUR.

Je désire que ceux pour qui vous me négligez vous mettent à même de vous passer de moi.

DELMENCE.

Ne m'enlevez pas le dernier moyen de faire subsister ma famille; accordez-moi quelque répit. (*à lui-même*) Je suis bien malheureux.

BERCOUR.

Malheureux! eh bien oui, c'est le refrain de nombre de gens qui seraient beaucoup moins à plaindre, s'ils avaient suivi les conseils. ...

DELMENCE.

Que dites-vous?

BERCOUR.

Que l'on a tort de se plaindre du sort, lorsque, cédant à des principes d'une délicatesse chimérique, on a repoussé les moyens d'une fortune sûre, rapide.

DELMENCE.

Ah! je vous entends, Monsieur, votre funeste proposition est

encore présente à ma pensée (*à part.*) plût au ciel qu'elle en fût
partie !

DELMENCE, *à part.*

Vous jouiriez maintenant du fruit de vos travaux.

DELMENCE, *à part.*

J'ai refusé le partage du crime et je le commettrais pour moi
seul. . . .

BERCOUR.

Mais vous avez préféré une vie triste, obscure, misérable,
vous regretterez et peut-être avez-vous regretté déjà d'avoir eu
de vains scrupules.

DELMENCE.

Moi, ah ! jamais, jamais (*à part.*) Oui, c'est le ciel qui m'é-
claire sur le bord de l'abîme ; courons détruire. . . .

BERCOUR.

D'où vient ce trouble ?

DELMENCE.

Laissez-moi. . . . ne me retenez pas. . . . il faut. . . . (*En ce moment, onze heures sonnent à l'Hôtel-de-Ville.*) Grand Dieu ! voici
l'heure où Julien. . . . (*Il aperçoit sa famille.*) Ma Mère !

BERCOUR.

Que dois-je penser ?

(*On entend un roulement de tambour.*)

SCÈNE XVI.

LES MÊMES, Mad. DELMENCE, JULIEN, CORVÉE, Conscrits,
Peuple.

(*Les conscrits sont rassemblés et se portent en foule à la salle de
l'Hôtel-de-Ville.*)

CORVÉE, *accourant.*

M. Julien, M. Julien, venez vite, le tirage de la deuxième
série qui commence. (*Il se dirige vers l'Hôtel-de-Ville.*)

BERCOUR.

C'est l'affaire de quelques minutes, j'attendrai.

JULIEN.

Je te suis, mon garçon ; venez, ma mère, Delmence.

MAD. DELMENCE.

Ah ! te voilà donc ? pourquoi être sorti sans nous voir, de si
bonne heure ? si tu avais déjeûné seulement ; tu nous feras mourir d'inquiétude.

DELMENCE.

Pardonnez-moi, ma mère.

CORVÉE.

M. Julien, v'la le moment.

DELMENCE.

Cher Julien.

JULIEN.

Du courage, mon ami, le Ciel ne nous abandonnera pas.

DELMENCE, *à part.*

Cruelle incertitude ! dans un moment (*haut*) vous l'accompaguerez, ma mère, je vais aussi.

JULIEN.

Non, non, dans cet état d'agitation... Attends plutôt, je reviendrai de suite te dire.

Mad. DELMENCE.

Julien a raison.

BERCOUR.

Oui, oui, je vais lui tenir compagnie (*à part*), je serai bien aise moi-même de savoir.

Mad. DELMENCE, *à Julien.*

Allons, viens (*à part*), mon Dieu, prends pitié de nous.

JULIEN.

Entrons, entrons.

BERCOUR, *à part.*

Je donnerais bien un billet de cinq cents francs pour que ce gaillard-là fît ses six ans.

(Julien, accompagné de Mad. Delmence, entre dans la salle du tirage ; le peuple est amassé en foule à la porte de l'Hôtel-de-Ville. A partir de ce moment, on voit sortir successivement les conscrits qui ont tiré, et qui se joignent à leurs parens et à leurs amis.)

SCÈNE XVII.

Les Mêmes, HENRIETTE, *accourant.*

HENRIETTE.

Ah ! mon frère, eh bien Julien.

BERCOUR.

Henriette !

DELMENCE, *montrant le côté de l'Hôtel-de-Ville.*

Il est là, son sort et le nôtre se décident.

HENRIETTE.

Juste Ciel....

BERCOUR, *bas à Henriette.*

Eh bien, ma chère enfant, sans doute ce serait un malheur : mais quel que soit le résultat, l'avenir de votre famille est dans vos mains, vous avez dû songer mûrement à ma proposition.

HENRIETTE.

Ah ! Monsieur, Julien peut encore échapper : laissez-moi espérer qu'il ne faudra pas même y réfléchir. Permettez, déjà l'on sort en foule de l'Hôtel-de-Ville.

DELMENCE, *n'osant faire un pas, les yeux attachés sur l'Hôtel-de-Ville.*

Et Julien ?

HENRIETTE, *cherchant des yeux dans la foule.*

Attends... ce n'est pas lui... Ah ! mon frère...

DELMENCE.

Moment plein d'effroi.

SCÈNE XVIII.

LES MÊMES, JULIEN, Mad. DELMENCE, puis CORVÉE, DELIGNY.

CORVÉE, *accourant autour du peuple.*

Eh les amis, les amis, vive la joie.

BERCOUR.

Serait-il sauvé ?

CORVÉE, *à d'autres restés en scène.*

Venez donc, venez donc, bonne nouvelle !

DELIGNY.

Eh bien… Eh bien, qu'est-ce que c'est donc que ce braillard-là. Ah ! c'est le tirage.

CORVÉE, *vers le balcon où sont les joueurs.*

Monsieur Deligny, le trois cent soixante-seize.

TOUS, *rapprochés.*

Qui l'a ?

CORVÉE.

Moi donc.

DELIGNY.

A ta place je le mettrais à la loterie.

TOUS.

Et Julien?

(Julien accourt tenant le n° 7.)

JULIEN, *à Henriette.*

Chère Henriette.

DELMENCE, *à sa mère.*

Ma mère.   JULIEN, *à Henriette.*

Résignons-nous.   HENRIETTE.

Malheureuse !

BERCOUR, *à lui-même.*

O bonheur.   MAD. DELMENCE.

C'est fait de nous.

DELMENCE, *à part.*

Il le faut donc.

DELIGNY, *descendu.*

Il est dedans (*à Corvée*). Je l'aurais gagé (*prenant la main de Julien*), pauvre diable.

CORVÉE.

J'crois bien, dites donc, choisir le sept, pas seulement vingt-quatre heures devant lui.

DELMENCE, *quittant sa mère qui pleure sur l'épaule de Julien.*

Il le faut…, ma destinée est accomplie.

(Il se dirige, presqu'égaré, vers la maison où il loge.)

FIN DU PREMIER ACTE.

ACTE DEUXIÈME.

Le théâtre représente le jardin du restaurant; la scène au fond est coupée par une galerie vitrée, dont les fenêtres ouvertes et les rideaux relevés, laissent apercevoir le couvert mis; du fond à l'avant-scène, sur les côtés, de petits bosquets avec de petites tables rondes de deux couverts.

SCÈNE PREMIÈRE.
LE PROPRIETAIRE, GARÇONS.
LE PROPRIÉTAIRE.

Les tables sont dressées dans le grand salon ? bien. Une de cent couverts dans la galerie vitrée, un orchestre dans le jardin, c'est ça. Messieurs, du soin, de l'activité, de l'adresse surtout; et l'œil à la casse. Jean, vous ferez monter les convives de passage dans la pièce du premier. Pierre, que le service des cabinets particuliers ne souffre pas. Maintenant, passez à la lingerie; Mlle Henriette vous remettra le linge de table et l'argenterie et vous apprêterez le couvert. (*Il regarde à sa montre.*) Midi. Le rendez-vous est pour une heure, c'est pour deux : d'autant plus que nos conscrits, tambours en tête, viennent de l'Hôtel-de-Ville. Nous serons en mesure... Ah ! et le vin que j'oubliais; pour des conscrits, c'est la partie essentielle. (*à un garcon resté en scène.*) Descends à la cave.

SCÈNE II.
Le PROPRIÉTAIRE, DELMENCE.
LE PROPRIÉTAIRE.

Monsieur demande quelqu'un ?

DELMENCE.

Oui: quelqu'un faisant partie des conscrits qui doivent se réunir ici.

LE PROPRIÉTAIRE.

Personne n'est encore arrivé, Monsieur; vous avez devancé l'heure. Si vous voulez vous rafraîchir et lire le journal ?

DELMENCE.

Me serait-il possible de parler un moment à Mlle Henriette ?

LE PROPRIÉTAIRE, *surpris.*

Mlle Henriette !

DELMENCE.

Je suis son frère.

LE PROPRIÉTAIRE.

Ah ! pardon ! Je n'avais pas l'honneur de vous connaître. Si vous voulez vous asseoir un moment, elle distribue le linge et les couverts, je vais vous l'envoyer sitôt qu'elle aura fini. (*à part.*) Ah ! c'est là ce graveur dont nous a parlé M. Bercour ! il n'a pas l'air si jovial. (*haut.*) Un peu de patience, il faut le temps.

SCÈNE III.
DELMENCE, *seul.*

De la patience !... C'est de la résignation, du courage qu'il me faudrait.... et j'ai beau vouloir commander à mon trouble, il est plus fort que ma raison, le moindre bruit m'inquiète.... Un son de voix plus élevé, des pas plus rapides me font frémir malgre moi..... Le regard des hommes m'épouvante. Je crois qu'ils lisent tous sur mes traits bouleversés. (*Il jette les yeux autour de lui.*) Insensé ! Je suis seul.... Il faut pourtant rasseoir mes esprits, si je veux achever ma tâche. (*Interruption.*) Oui, oui, je l'achèverai. Quel autre moyen me reste ? Que n'ai-je pas tenté auparavant. Talent, santé, ressources, j'ai tout épuisé pour des êtres que j'adore. Qu'ai-je recueilli de ma persévérance ? Les maux physiques, la misère, le désespoir... S'il ne faut qu'une victime, pourquoi toute une famille malheureuse, pourquoi quatre infortunés ? Un seul, et le bonheur de tous est assuré. Un seul, c'est assez, je me dévoue. (*Il s'assied, regarde autour de lui et tire son portefeuille.*) Il faut que je m'essaye à les tenir sans trembler, ces funestes billets, ces fictives valeurs. (*Il les prend et les examine.*) Ce n'est pas sans combat, qu'on s'habitue... Les voilà... Plus je les considère, plus je suis convaincu que l'œil le plus exercé doit s'y méprendre. (*Il tombe la tête dans ses mains.*) Fatal emploi d'un talent honorable... funeste et dernier ! car je ne saurais survivre... (*Interruption.*) Et d'ailleurs à chaque instant, je le sens davantage, c'en est fait de ma vue. (*Frappant sur son portefeuille.*) Le travail que me coute cette œuvre malheureuse l'a perdue tout-à-fait ; trois jours et trois nuits toutes entières ! dès que je l'applique, elle se trouble ! confond les objets les plus distincts. Raison de plus, cette extrémité cruelle demande un parti décisif. (*Il resserre son portefeuille et fait le tour du théâtre.*) Personne n'arrive encore, Corvée ne viendra qu'avec ses compagnons, il me tarde cependant !... Mais si Corvée s'arrange avec moi.... je ne me rendrai pas seulement coupable envers une société riche et prospère, j'abuse aussi de la crédulité d'un malheureux sans défense et qui me sacrifie jusqu'à sa vie. J'accrois, je double ainsi mon crime.... Non, non, seul je dois courir les chances, et quoiqu'il puisse arriver, ce n'est pas Corvée qui pourra se plaindre de moi.... (*Il voit approcher sa sœur.*) Henriette ! Ah qu'elle ignore toujours ce que j'ai tenté pour son bonheur !

SCÈNE IV.
DELMENCE, HENRIETTE.
HENRIETTE.

Mon excellent frère ! Combien je suis touchée de ta démarche ! Je n'ai pas été surprise lorsqu'on m'a dit que tu étais là. Je connais si bien la bonté de ton cœur

DELMENCE.

Chère enfant !

HENRIETTE.

Au milieu de nos peines communes, je suis sûre que ton attachement a compris que le coup le plus rude avait frappé sur moi.

DELMENCE, *souriant avec amertume.*

Sur toi !

HENRIETTE.

Et tu n'as pas voulu me laisser une journée entière seule à ma douleur, tu es venu mêler tes larmes aux miennes.

DELMENCE.

Je viens t'apporter des consolations.

HENRIETTE.

En est-il ? grand Dieu ! Ah ! laisse-moi pleurer librement sur ton sein ; il y a trop long-temps que je m'efforce de retenir ces larmes qui me suffoquent.

DELMENCE.

Calme-toi bonne sœur, peut-être tu n'en as plus à verser.

HENRIETTE.

Que dis-tu ?

DELMENCE.

Julien ne te quittera pas, je l'espère.

HENRIETTE.

Il se pourrait.... Quel homme assez puissant s'intéresse....

DELMENCE.

Quel homme ? Celui qui dans tous les temps s'est fait un devoir, un bonheur de se consacrer sans partage au bien-être d'une mère adorée, d'une sœur chérie.

HENRIETTE.

Toi, mon frère.

DELMENCE, *d'une voix étouffée.*

Oui, moi.

HENRIETTE.

Ma surprise t'offense peut-être ; en effet, rien de ce qui est dévouement pour ta famille ne doit m'étonner de ta part. Je dois tout croire d'un parent généreux qui marchant pour nous de sacrifice en sacrifice, a été jusqu'à renoncer volontairement, pour ne pas séparer sa destinée de la nôtre, aux douceurs du mariage, à la main d'une femme tendrement aimée !

DELMENCE, *à part.*

Ah ! Je ne pensais pas alors qu'il pût y avoir de sacrifice plus pénible.

HENRIETTE.

Mais, mon ami, dis-moi quel moyen ?

DELMENCE.

N'exige pas d'explication ; c'est tout ce que je demande à ta reconnaissance.

HENRIETTE.

Et si t'abusant toi-même, pardonne à mon incrédulité, mais ce n'est qu'en tremblant que je m'abanbonne à l'espérance.

DELMENCE.

Je te le répète, chère sœur, à moins que la fatalité qui me poursuit n'ait résolu notre ruine, je dois aujourd'hui vous tirer tous de peine, oui j'en ai la possibilité, la certitude....

HENRIETTE.

Je te crois, mon ami; et pourquoi cette certitude qui devrait m'enivrer de la plus douce joie, ne laisse-t-elle dans mon âme qu'une impression pénible? Il y a quelque chose de si triste, de si malheureux dans ton air en m'annonçant cette bonne nouvelle.

DELMENCE, *cherchant à se contenir.*

C'est la souffrance, la fatigue. Écoute, ma mère ne tardera pas à se rendre en ces lieux, elle accompagne Julien qui aurait craint qu'on attribuât le refus de se trouver ici, à toute autre sentiment que celui qui l'anime; à leur arrivée, sans doute j'aurai fait tout ce qui sera convenable pour la tranquillité commune, une seule démarche est nécessaire, elle dépend de moi.

HENRIETTE.

Et ne peut compromettre...

DELMENCE.

Ma santé? non.

HENRIETTE.

Ton existence.

DELMENCE.

Non... et d'ailleurs, chère enfant, l'existence n'est pas le plus précieux des biens que puisse nous faire perdre le malheur... Retourne à tes occupations, essuie tes larmes, bannis toute crainte, et surtout ne dis rien à ma mère, à Julien.

HENRIETTE.

Quoi! tu ne veux pas qu'ils sachent...

DELMENCE.

Avant mon retour, rien; tu m'entends, je veux, je dois les prévenir moi-même.

SCÈNE V.

DELMENCE, ensuite DELIGNY.

DELMENCE.

Puisque les conscrits n'arrivent pas j'aurai le temps....l'engagement est pris avec Henriette...

DELIGNY.

Comment, mon cher Delmence, à la barrière de l'Étoile, chez Ravel, à la bonne heure! Que diable, il faut se distraire un moment.

DELMENCE.

Tu te trompes, mon ami; conduit ici par une affaire...

DELIGNY.

Une affaire chez un restaurateur... Au fait, c'est l'endroit, car c'est aussi pour affaire que je viens ; par exemple, voilà la première fois... Imagine-toi que je suis sur le point de faire fortune.

DELMENCE.

Fortune, toi ?

DELIGNY.

Ah mon dieu, oui !

DELMENCE, *à part.*

Et moi seul...

DELIGNY.

Par exemple, demande-moi de quelle manière.... je n'en sais rien encore ; cependant M. Bercour m'a bien assuré...

DELMENCE.

Bercour, dis-tu ?

DELIGNY.

Ah ! je te vois venir... vous n'êtes pas bien ensemble, ce n'est pas ton homme, et je ne te blâme pas, parce que j'ai un système, c'est qu'il y a deux choses auxquelles il ne faut jamais s'entêter ; au jeu, contre la veine ; en société, contre les gens qui vous déplaisent au premier abord. Est-ce que tu n'es pas de mon avis ?

DELMENCE.

Adieu, Deligny (*il s'éloigne*), adieu.

SCÈNE VI.

DELIGNY.

Eh bien ! c'est là sa réponse !... Pauvre garçon, comme la maladie nous change le caractère... Il va sans doute retrouver sa sœur... à son aise. Ah ça, M. Bercour n'arrive pas ; en l'attendant si je goûtais le vin ? Fameuse idée ! Holà, garçon ?

UN GARÇON.

Monsieur !

DELIGNY.

Deux couverts et deux bouteilles à 25, cachet vert, d'entrepreneur, tu comprends, nous verrons après avec l'ami que j'attends... Garçon, de l'encre et du papier, je m'amuserai à griffonner le menu... Garçon, deux douzaines d'huîtres, ça me servira de maintien (*le garçon lui donne un écritoire*). Voyons la carte. Potage... Ah bath ! M. Bercour doit bien faire les choses. Au lieu de suivre les mets voyons les prix ; les plats de la grande propriété, en avant. C'est toujours agréable de déjeûner comme un pair de France. Voyons, 15, 18, 1 franc, bourgeois ; 1 fr. 75, ah ! ça commence, 2 fr. 50, voilà mon affaire... karick à l'indienne, 3 francs, superbe ; zabayon au vin de Madère... où diable vont-ils chercher ces noms-là, n'importe, il

y a du vin de Madère, je ne risque rien, zabayon ; ensuite...
Ah ! c'est M. Bercour.

SCÈNE VII.

DELIGNY, BERCOUR.

BERCOUR.

Je me suis fait attendre, mon ami.

DELIGNY.

Dans les affaires on ne peut pas disposer du temps comme
on veut. (*Montrant les huitres et le vin*) Et puis vous voyez que
je prenais patience.

BERCOUR.

Mais oui, vous êtes en bonne disposition, à ce que je puis
voir.

DELIGNY.

Voulez-vous vous raffraîchir ?

BERCOUR.

Volontiers. (*Au garçon*) Allons, garçon, le déjeûner que j'ai
commandé.

DELIGNY, *qui pendant ces mots s'est versé à boire.*

Ah ! ah ! vous aviez déjà fait la carte... pardon, c'est que de
mon côté...

BERCOUR.

Ça ne fait rien.

DELIGNY.

Mais prenez donc la peine de vous asseoir. A votre santé, et
à la réussite de vos projets. (*Ils boivent.*)

BERCOUR.

Alors ça ira tout seul. (*Ils se mettent à manger tous les deux.
Deligny dit en versant à boire :*) Je trouve que les paroles cou-
lent mieux à table, qu'en dites-vous ?

BERCOUR.

Je suis de votre avis. Garçon, laissez-nous.

DELIGNY.

Oui, oui, laissez-nous ; c'est ça. (*Il verse à boire.*) En réité-
rant, Monsieur Bercour.

BERCOUR.

Merci, mon ami. (*Ils boivent.*)

DELIGNY, *posant les deux coudes sur la table.*)

Voyons.

BERCOUR.

Vous n'avez pas ce qu'on peut appeler une position dans le
monde.

DELIGNY.

Pas positivement, c'est possible. Mais je n'y avais pas encore
songé.

BERCOUR.

Une existence comme la vôtrn...

DELIGNY.

A plus de charmes que vous ne pensez.

BERCOUR.

D'abord, qu'est-ce que vous avez ?

DELIGNY.

Ah ! ça, je suis juste, rien.

BERCOUR.

Vous n'y êtes pas. (*Il verse.*) Buvez donc ; vous avez des dettes.

DELIGNY.

Des dettes... oui, oui. Il y a par çi par là quelques ardoises sur lesquelles j'ai de petits comptes arriérés.

BERCOUR.

Vos créanciers doivent vous tourmenter.

DELIGNY.

Ne m'en parlez pas, au point d'être obligé quelquefois de changer d'estaminet, et c'est gênant, voyez-vous, parce que quand on connaît un billard, ça vaut six points.

BERCOUR.

Eh bien, si nous nous arrangeons, je m'engage à solder tout ce que vous devez.

DELIGNY.

Vrai ? ah ! pardieu, Monsieur Bercour, mes créanciers vous auront là une fière obligation.

BERCOUR.

Et de plus, à vous assurer 1,200 francs de rentes viagères et cent louis comptant.

DELIGNY.

Oh ! le comptant !... cent louis !...

(*Bercour a sonné, le garçon revient.*)

BERCOUR.

Du Champagne. (*A Deligny.*) Eh bien ! que dites-vous de l'offre ?

DELIGNY.

Ma foi, Monsieur Bercour, je dis que vous êtes un ange descendu pour moi à la barrière de l'Étoile.

(*Le garçon apporte la bouteille.*)

BERCOUR, *prenant la bouteille.*

Je le tiens.

(*Il va pour faire sauter le bouchon.*)

DELIGNY.

Tout ça c'est bon, mais pour gagner tout ça... (*Il s'arrête pour s'occuper de ce que fait Bercour.*) Si vous voulez qu'ça parte coupez donc l'fil. (*Il reprend son discours.*) Je vous disais donc pour gagner tout ça que faut-il faire ?... parce que je suis un bon enfant, mais doucement...

BERCOUR.

Eh bien, mon cher ami, il faut...

DELIGNY.

Il faut...

BERCOUR.

Vous marier.

DELIGNY.

Diable, la chose est plus sérieuse que je ne pensais. (*Changeant de conversation.*) Voulez-vous me passer le fromage, s'il vous plaît... avec le Champagne.

BERCOUR.

C'est vrai; votre verre.

(Il verse.)

DELIGNY, *lui baissant la main.*

Non, non, non, ne faites pas mousser, bon pour les niais; deux petites moitiés, s'il vous plaît. (*Après avoir bu.*) Nous disons donc qu'il faut que je me marie; c'est drôle, mais c'est possible... mais après ça j'ai une tête, s'il allait y avoir incompatibilité d'humeur ?

BERCOUR.

L'une des clauses de notre traité va vous ôter toute crainte à cet égard.

DELIGNY.

Ah! diable, voyons la clause.

BERCOUR.

La jeune personne....

DELIGNY.

Ah! elle est jeune.

BERCOUR.

Ecoutez-moi donc; la jeune personne, par des circonstances inutiles à vous détailler....

DELIGNY.

Ah ça! permettez, il me semble que je dois cependant connaître les circonstances.

BERCOUR *continue.*

Soit, je puis vous le dire : sur le point de se trouver à la tête d'une maison de commerce, on voudrait lui donner un nom plutôt qu'un....

DELIGNY.

Oui, oui, voilà que nous y arrivons....

BERCOUR.

De façon que sitôt le mariage conclu... si la chose vous va... encore un verre.

DELIGNY.

Tant que vous voudrez. (*A part.*) Je ne me grise jamais.

BERCOUR.

Je vous remets un passeport et vous partez pour Lyon, Marseille ou les colonies.

DELIGNY.

Si loin que ça....

BERCOUR.

Argent et contrat en poche, après l'engagement signé de ne plus remettre les pieds dans Paris.

DELIGNY.

J'entends bien.... il me parait d'après ça que la jeune personne aurait peur des revenans.

BERCOUR, *souriant.*

Cela se peut.

DELIGNY.

Encore un verre de champagne.

BERCOUR.

Eh bien ! Deligny.

DELIGNY.

Il faut convenir, M. Bercour, que vous êtes un homme bien séduisant.

BERCOUR.

Dites, que vous semble la proposition, la trouvez-vous acceptable ?

DELIGNY.

Pourquoi pas, je ne cours aucun risque.... mais j'aurais à vous proposer un léger amendement.

BERCOUR.

Je vous écoute.

DELIGNY.

Vivre séparé de sa femme, bien des maris voudraient être à ma place, on dira, mais une jeune femme. Quel âge a-t-elle ?

BERCOUR.

Dix-huit ans.

DELIGNY.

Dix-huit ans ! Eh bien ! il me semble que vous pouvez faire quelque chose pour moi ; à dix-huit ans, on n'a pas de volonté, pas de mauvaises habitudes ; d'ailleurs, le commerce..... ici ou là, dans un monde ou dans l'autre, qu'est-ce que cela fait ? au lieu que la vie d'ouvrier: Or, je voulais vous dire, que ce soit ma femme qui parte où vous voudrez, à Marseille, aux colonies, ça m'est égal ; qu'elle me plante là à tout jamais avec mes rentes, mes liaisons, mon argent comptant dans c'coquin d'Paris où sont les meilleurs estaminets du monde.

BERCOUR.

Vous n'y pensez pas.

DELIGNY.

Est-ce que vous croyez que la jeune personne hésiterait ?   5

BERCOUR, *à lui-même.*

C'est elle ! (*à Deligny qui a entendu ces mots.*) Silence, pas un mot de plus.

SCÈNE VIII.

Les Mêmes, HENRIETTE traversant le théâtre suivie de deux garçons.

HENRIETTE, *aux garçons à qui elle donne le linge.*

Hâtez-vous, on attend au numéro 6.

DELIGNY.

Comment, c'est là ?

BERCOUR *se levant avec empressement et allant au-devant d'Henriette.*

Eh ! quel heureux hazard....

HENRIETTE.

Pardon, Monsieur, je ne puis m'arrêter.

DELIGNY, *se levant de table le verre à la main.*

Pas de doute, le misérable spécule sur le malheur de ces honnêtes gens, et c'est moi qu'il a choisi... (*reposant son verre sur la table.*) Ah ! je l'ai bien mérité.

BERCOUR.

Elle s'éloigne.

SCÈNE IX.

BERCOUR, DELIGNY.

DELIGNY.

Ah ! c'est Mlle. Henriette qu'indirectement vous me proposiez tout-à-l'heure.

BERCOUR.

Eh bien ! oui, mon cher Deligny, c'est elle.

DELIGNY, *à part.*

Pauvre Julien.

BERCOUR.

Henriette ou une autre, cela doit-il changer votre détermination ?

DELIGNY.

Changer, non, mais vous croyez dans tous les cas que cette chère demoiselle consentirait.

BERCOUR.

Cela me regarde.

DELIGNY.

C'est juste, dam, M. Bercour, ça demande quelques instans de réflexions ; j'ai besoin de consulter, et tenez, voici justement quelqu'un en qui j'ai toute confiance ; si son avis est conforme au vôtre, nous serons bientôt d'accord.

BERCOUR.

Que vois-je ! Julien. (*Il saisit le bras de Deligny.*) N'allez pas....

SCÈNE X.

LES MÊMES, JULIEN.

DELIGNY, *allant au-devant de Julien.*

Pourquoi? (*à Julien.*) Parbleu, tu arrives à propos ; Monsieur
que voilà, était en train de me faire une offre sur laquelle je ne
suis pas fâché d'avoir ton sentiment ; aussi bien, cela te concerne
un peu.

JULIEN.

Moi.

BERCOUR, *bas à Deligny.*

Qu'allez-vous faire, une proposition entre nous.

DELIGNY, *bas.*

Laissez donc, je ne dirai que c'qui faut (*haut*) tôt ou tard il
apprendra.... autant vaut que ce soit par moi que par un autre...
oui, mon cher Julien, cet aimable M. Bercour, plein du désir
de m'être agréable, vient de me faire des propositions de mariage... je suis sûr que tu ne devinerais jamais la femme.

JULIEN.

Sans doute.

DELIGNY.

Ta maîtresse, mon cher....

JULIEN.

Henriette....

BERCOUR.

Vraiment, Deligny, c'est manquer.....

DELIGNY.

Oui, pour que faute de toi elle trouve quelqu'un ; ce n'est pas
tout, Monsieur ne borne pas là ses généreuses intentions ; il
s'engage, pour compléter cette bonne œuvre, à mettre pour
toujours ma future, sa famille et moi à l'abri du besoin.

JULIEN.

Grand Dieu! se pourrait-il !

DELIGNY.

Si ce n'est pas là un beau trait!

BERCOUR.

Vous avez tort de mettre cette précipitation.... nous aurions
causé de cela, mais de but en blanc comment voulez-vous que
M. Julien approuve....

JULIEN, *à part.*

Malheureux, du courage. (*Haut*) Vous vous trompez, Monsieur, si vous croyez que je puisse blâmer, même quand il dé-
truit mon bonheur, un dessein qui tient à secourir ma famille
d'adoption.

BERCOUR.

Qu'entends-je?

DELIGNY.

Eh bien, que dit-il? quoi , mon ami, tu consentirais à me céder....

JULIEN.

Je le dois.... sans doute Henriette m'est bien chère, mais mon amour n'est pas un lâche égoïsme.... tant que j'ai cru pouvoir faire son bien-être, sûr de son affection et du consentement de sa mère , je l'aurais disputée au monde entier.... je pars, lui dirais-je, parce que je t'aime, vis misérable, mais attends-moi; je ne puis plus rien pour personne.... mais je veux que tu négliges les intérêts de ta famille jusqu'à mon retour....et reviendrais-je encore! Deligny, j'ai trop de cœur pour me conduire ainsi avec ceux à qui je dois tout.... enfin, j'étais abandonné à même la rue, sur la paille, par le froid, presque nu, quelle âme charitable s'est émue aux premiers cris du pauvre orphelin, quel soin a réchauffé ses membres transis, un asile. . du pain... de la tendresse.... une mère.... une famille.... j'ai trouvé tout chez eux! et j'hésiterais un moment entre leur félicité et la mienne! non, non, mon cher Deligny; non, j'aurai même du bonheur au milieu de mes peines, si tu me promets de t'appliquer à la rendre heureuse comme elle le mérite.

BERCOUR, *à part.*

Comment, il sert lui-même.

DELIGNY, *essuyant une larme.*

Eh bien! ne voilà-t-il pas que je pleure, moi; point d'enfantillage. Brave garçon, tu as de l'âme (*il prend la main de Julien*) toi.... pendant qu'tu parlais, j'éprouvais je ne sais quoi.... mais tu avais un air; ça se sent, les braves gens s'entendent, il y a quelque chose qui se communique. Oui, Julien, oui, M. Bercour, le mariage d'Henriette est indispensable pour assurer le repos de sa famille. Oui, oui, je remplirai un rôle qui doit contenter tout le monde.

JULIEN.

O mon Dieu!

DELIGNY.

Ne t'affliges pas, mon ami: n'est-ce pas le bonheur d'Henriette que tu veux.... elle n'aura rien à désirer, je t'en réponds, je te le promets.

BERCOUR, *à part.*

J'ai réussi.

DELIGNY, *à part.*

M. Bercour, vous devez être content, j'espère, vous aviez hâte de voir terminer.... (*Haut*) J'ai quelques dispositions de mon côté, parce que, voyez-vous, en pareil cas, il s'agit du consentement de l'autorité d'une famille, vous comprenez; ça nécessite une course; et parbleu j'y songe, votre cabriolet...

BERCOUR.

Est à la porte.

DELIGNY.

Vous ne marchez jamais sans... permettez que je saute dedans ; un coup de fouet, deux tours de roues, et je viens pour conduire la belle Henriette devant M. le maire.

JULIEN.

Quoi ! tu vas....

DELIGNY.

Tout arranger, mon ami, tout.... sois tranquille, avant peu vous aurez de mes nouvelles. (*A part.*) Il n'est pas deux heures, en avant. (*Il sort.*)

SCÈNE XI.

BERCOUR, JULIEN.

JULIEN.

Oui, quoiqu'il m'en coûte, je dois l'accomplir ce cruel sacrifice ; j'assure leur avenir, cette idée adoucira mes regrets.

BERCOUR.

Ces sentimens vous font honneur, jeune homme, et je ne puis que vous féliciter.

JULIEN.

De grâce, Monsieur, daignez m'épargner, j'aperçois Henriette ; sa mère l'accompagne. Je vais m'empresser de saisir cet instant pour leur faire part de vos intentions et de celles de Deligny.

BERCOUR.

Vous avez raison. (*A part.*) Je ne me soucie pas d'être là présent, et puis je dois voir mon agent de change. (*Haut.*) Mon ami, je cours à mes affaires, ma présence au surplus n'est pas nécessaire, je gênerais même ; on aime à traiter en famille, je m'en rapporte à vous ; je viendrai connaître le résultat.

JULIEN.

Comme il vous plaira, Monsieur. (*Il se dirige vers la porte par laquelle arrive sa famille.*)

BERCOUR.

Cet étourdi de Deligny qui s'est emparé de mon cabriolet. (*Il s'éloigne en courant vers la sortie à droite. Garçon, garçon, un fiacre. (Au même instant, on voit paraître Mad. Delmance et Henriette par l'entrée de droite ; Julien les reçoit.*)

SCÈNE XII.

DELMENCE, HENRIETTE, Mad. DELMENCE, JULIEN, un Garçon.

DELMENCE, *arrivant par la galerie vitrée avec un garçon.*

Je puis compter sur vous ?

LE GARÇON.

Dès que le service va être préparé, je viens prendre vos billets ; je pars ventre à terre et je reviens au galop.

DELMENCE.

C'est bon. (*A part.*) Je n'aurais jamais eu l'audace nécessaire pour les échanger là moi-même ; j'ai beau vouloir me vaincre, je me serais vendu et cependant je ne veux pas qu'ils le soient ailleurs.

HENRIETTE, *apercevant Delmence la première.*

Voilà mon frère.

JULIEN.

Il vient bien à propos : mes amis, le ciel dans sa rigueur nous offre les moyens d'adoucir les regrets que doit nous causer une douloureuse séparation.

TOUS.

Que veux-tu dire ?

JULIEN.

Henriette, c'est à toi surtout que je veux m'adresser, et quelque grand que soit le sacrifice que j'exigerai, songe que ma position est mille fois plus cruelle que la tienne.

DELMENCE.

De grâce, explique-toi.

JULIEN.

Le hasard vous fournit dès aujourd'hui le moyen de remplacer le fils, l'époux que vous allez perdre en moi.

Mad. DELMENCE.

Qu'entend-je ?

JULIEN.

Oui, Henriette, si tu consens qu'un autre. . . .

HENRIETTE.

Ah ! Julien !. . . c'est vous. . . . ingrat et dans quel moment ! vous m'avez cru capable. . . .

JULIEN.

Oui, je vous ai cru capable de soumettre ainsi que moi votre amour à tout ce que pourrait exiger la tendresse filiale et fraternelle ; j'ai cru devoir, sans préparation inutile, réunir toutes les forces de ma raison pour vous en parler avec franchise.

DELMENCE, *à part.*

Eh quoi ! sur le point d'accomplir mon funeste projet j'aurais l'espoir.. ...

HENRIETTE.

Allez, Monsieur, pour vous punir, mon frère devrait vous cacher jusqu'à la fin. . . .

DELMENCE.

Henriette. . . .

Mad. DELMENCE.

Mon cher enfant, loin d'en vouloir à Julien d'une pareille

idée, admire plutôt son généreux dévoûment; mais nous n'exigeons pas qu'il assure notre bonheur au prix d'un pareil sacrifice.

DELMENCE.

Henriette, si je n'en avais fait moi-même un pareil, jamais je n'oserais arrêter ma pensée sur celui que Julien propose, mais....

HENRIETTE.

Quoi, mon frère !

DELMENCE.

Ecoute-moi d'abord..... ce n'est pas sans motif qu'il vient nous faire cette ouverture; il faut qu'il ait eu connaissance des intentions.

HENRIETTE.

Et qu'avons-nous besoin de les savoir, s'il ne part pas?

TOUS.

Comment ?

DELMENCE, *fortement à Henriette.*

Et s'il part?

HENRIETTE.

Ne m'avais-tu pas dit...

DELMENCE, *à mi-voix.*

Henriette! ne te prépare pas en refusant de m'entendre, des regrets peut-être éternels.

HENRIETTE, *le regardant avec incertitude.*

C'est encore ton accent terrible de ce matin; eh bien, parle...

DELMENCE.

Si l'époux qui se propose offrait des garanties pour ton avenir... Je lis le reproche dans tes yeux. Henriette, chère sœur! tu ne peux me comprendre, mais tu ne peux te méprendre sur les intentions qui m'animent. Nous n'exigeons pas... (*Il regarde tout le monde qui reste muet.*) Je n'exige point que tu formes des nœuds qui te répugnent; je te conjure seulement d'écouter jusqu'au bout : tu resteras toujours la maîtresse d'agir selon ta volonté.

HENRIETTE.

Ah bien, mon frère, Julien, cessez tous les deux de me presser davantage; je n'aurais pas même la force de vous entendre. Ma volonté, si je ne puis être à Julien, c'est de n'être jamais à personne; tout le mal qu'on voudra, du travail le jour et la nuit, des privations plus rudes, mais toujours à Julien. Quand il partage avec vous tous les sentimens de mon âme, que me resterait-il pour un étranger.

JULIEN.

Laisse-moi du courage, Henriette, pour te dire que celui qui se présente n'est point étranger à la famille; la dissipation dans laquelle il a toujours vécu serait une mauvaise recommandation peut-être, mais je connais la bonté de son cœur.

DELMENCE.

C'est enfin.....

JULIEN.

Deligny.   MAD. DELMENCE.

Comment ! il a pu songer...

JULIEN.

Non , ma mère ; je lui dois cette justice, qu'il n'a cédé qu'à mes sollicitations , à celles de Bercour.

DELMENCE.

Bercour !

JULIEN.

Oui ; M. Bercour, le premier, a conçu l'idée de ce mariage.

DELMENCE, *à part.*

Bercour !   JULIEN.

Il y rattache, par l'intérêt qu'il vous porte, et par estime pour le talent de Deligny , des avantages que ce dernier pourra vous détailler aujourd'hui.

HENRIETTE.

Ah! j'aurais dû le penser d'abord, qu'il y était pour quelque chose ; il m'avait entretenu ce matin de sa funeste proposition... J'ignore quel intérêt, depuis quelque temps, porte cet homme à s'occuper de moi sans cesse.

DELMENCE.

Et moi, je ne l'ignore point. Mettons un terme à ces débats, Henriette. Maintenant, je partage tes sentimens ; n'accepte rien de cet homme.

JULIEN.

Un changement aussi subit...

DELMENCE.

Peut te surprendre, mais de la part de Bercour, un tel projet doit être une perfidie. Henriette, prenez un peu de calme ; comptez sur moi : oui, j'ai une dernière et unique ressource ; qu'elle ne me manque pas, et vous êtes tous sauvés. (En ce moment on entend le bruit du tambour ; les conscrits défilent en bon ordre, Corvée est parmi eux ; à leur arrivée, le traiteur et les garçons paraissent.)

SCÈNE XIII.

LES MÊMES , LE TRAITEUR, CORVÉE, CONSCRITS.

CORVÉE.

Halte, front ; camarades, à table.

TOUS.

Oui, à table.

LE TRAITEUR.

Quand ces messieurs voudront, on servira.

CORVÉE.

M'est avis que nous le voulons tout de suite ; n'est-ce pas , camarades, car la promenade nous a donné de l'appétit.

LE TRAITEUR.

En ce cas, les garçons de service au poste.

CORVÉE.

Eh! voilà M. Julien. . . . . exact au rendez-vous. Bonjour,
M. Delmence.

DELMENCE.

Bonjour, mon ami. (*bas à Corvée.*) J'ai à vous parler.

CORVÉE.

A moi, M. Delmence !

DELMENCE.

Oui, dans un moment quittez la table pour deux minutes et
venez me rejoindre.

CORVÉE.

Ça suffit. (*part.*) tiens, qu'est-ce qu'il me veut donc ?

TOUS.

A table, à table.

(Tous les conscrits, Julien et Corvée, vont s'asseoir ; on fait des instances auprès de Delmence pour l'engager à en faire autant, il refuse ;
Mad. Delmence et Henriette cèdent ; des musiciens paraissent, ils se
placent dans un orchestre et jouent des airs de circonstance. Delmence
à l'avant-scène paraît enseveli dans ses réflexions.)

LE GARÇON RESTAURANT *auquel Delmence a parlé précédemment,*
vient lui dire.

Monsieur, mon affaire est faite à moi, je suis à vos ordres.

DELMENCE.

C'est bien... (*à part.*) Tout délai maintenant m'est impossible. (*Il fouille dans son portefeuille.*) Allons (*Il tire ses papiers.*)
(*haut.*) prenez ces trois billets et courez les échanger.

LE GARÇON.

Pourvu que la Banque soit encore ouverte.... tiens, qu'est-
ce que je dis, il n'est que deux heures ; je voudrais bien avoir
encore tont ce qu'elle paiera jusqu'à la fermeture. (*Il prend son
tablier qu'il roule autour de lui.*) Je n'arrête pas, je vous retrou-
verai au même endroit ?

DELMENCE.

Oui.

LE GARÇON.

Ça suffit.

DELMENCE, *à part.*

Le sort en est jeté.

(Les bouteilles se vident rapidement à table ; on se lève en masse , et l'on
demande une contre-danse. Les musiciens accordent leurs instrumens;
pendant ce temps Corvée s'approche de Delmence.

CORVÉE.

Me voilà, M. Delmence.

DELMENCE.

Ah! c'est vous, Corvée? dites-moi, êtes-vous toujours dans
l'intention d'écouter les propositions qu'on pourrait vous faire
touchant l'échange de votre numéro ?   6

CORVÉE.

Ma fine oui.

DELMENCE.

Eh bien ! suivez-moi donc là , sous ce bosquet , et terminons.

CORVÉE.

Comment, vous voulez! ah! je devine.... pour M. Julien, n'est-ce pas?

DELMENCE.

Oui, mais jusqu'à ce que l'affaire soit conclue , je veux qu'on ignore...

CORVÉE.

Vous voulez le surprendre ! Je vous suis , M. Delmence.

(Delmence et Corvée se retirent à l'écart sous le bosquet; les contre-danses commencent.)

BALLET.

SCÈNE XIV.

LES MEMES, BERCOUR.

BERCOUR.

Maudit homme qui n'est pas encore de retour, où diable a-t-il conduit mon cabriolet ? Il est cause que je n'ai pas trouvé mon agent de change. Mais puisqu'il n'a rien laissé pour moi, mes affaires doivent être dans le même état. Je le rattrapperai après la bourse. Sachons un peu quel a été le résultat de la démarche de Julien. Le voici, abordons-le. (*Il s'approche de Julien et le prend à part.*) Eh bien ! mes propositions, comment les a t-on reçues?

JULIEN.

On les a rejetées.

BERCOUR.

Pas possible.

JULIEN.

M. Delmence a pris une autre voie.

BERCOUR, *à part.*

Delmence ! c'est impossibble.

(Il continue à parler à voix basse; Corvée et Delmence quittent le bosquet.)

DELMENCE.

Dans un moment, mon ami, je vous remettrai les mille écus, et nous signerons l'acte de remplacement.

CORVÉE

C'est convenu, M. Delmence.

DELMENCE.

Restez de ce côté.

CORVÉE.

C'est entendu.

(On va pour recommencer à danser.)

SCÈNE XV.

LES MÊMES, DELIGNY.

DELIGNY, *accourant.*

Me voilà, me voilà, ah! ah! on se divertit ici, c'est bien mon genre.

BERCOUR, *avec humeur.*

C'est vous enfin, c'est fort heureux.

DELIGNY.

Vous vous impatientiez, peut-être ? Ce n'est pas ma faute. J'ai filé joliment; parlant de ça, fameuse petite bête que vous avez là, dix minutes pour venir de l'Hôtel-de-Ville ici, c'est bien aller, hein !

BERCOUR.

Et j'ai bien le temps d'écouter.

DELIGNY.

J'ai eu raison tout d' même de profiter de votre cabriolet, quelques instans plus tard reculaient de vingt-quatre heures mes affaires.

BERCOUR.

Que dit-il ?

JULIEN.

Explique-toi.

DELIGNY.

Julien a pu vous dire que, vu son départ, cet honnête et brave Monsieur avait résolu de me faire épouser la charmante Henriette ; mais ce que vous ne savez pas, c'est que la cérémonie faite, il fallait décamper de Paris sans ma femme ; c'était une clause du contrat. J' m' suis dit, partir pour partir, faut-il pas mieux rendre service à un ami qu'à un.... C' n'est pas l'embarras, y payait bien, mais d'abord cette bonne demoiselle là n'est pas faite pour un mauvais sujet comme moi, et ensuite si jamais je prends une femme, ça s'ra pour l'épouser, vois-tu ! V'la pourquoi j'ai préféré aller à Hôtel-de-Ville, dans le cabriolet de Monsieur, à gagner les colonies par la diligence, parce qu'enfin vaut mieux être remplaçant que remplacé.

DELMENCE.

Que signifie ?

JULIEN.

Je n'ose croire.

DELIGNY.

Tu seras plus sûr après la petite formalité. (*aux conscrits.*) Camarades, à moi des rubans.

(Il les attache à son chapeau ; prend un morceau de craie qui servait à écrire sur une ardoise, et trace sur son chapeau le n° 7.)

HENRIETTE.

Ce numéro !

JULIEN.

C'est le mien...

DELIGNY.

C'est le mien. J'ai signé l'acte de propriété, et le paraphe de M. le Préfet m'intitule conscrit de l'année mil huit cent vingt-cinq.

DELMENCE, *anéanti.*

Qu'ai-entendu ?

BERCOUR, *à part.*

Je suis stupéfait.

DELIGNY.

Oh ! dame, vous êtes bloqués au grand coin. C'est lui qui épouse et moi je pars votre débiteur d'une jolie course et d'un fameux déjeuner.

JULIEN ET HENRIETTE.

Ami généreux.

MAD. DELMENCE.

Bon Deligny.

DELIGNY.

Eh quoi ! Delmence, toi seul tu ne parais par partager la joie de la famille.

DELMENCE, *au désespoir.*

Ah ! malheureux, pourquoi ne pas m'avoir prévenu.

BERCOUR, *l'examinant.*

Que signifie ?

DELMENCE.

Peut-être pourrais-je encore.... courons...

SCENE XVI.

LES MEMES, LE GARÇON.

LE GARÇON, *accourant.*

Vos billets sont échangés ; voilà les trois mille francs.

BERCOUR, *à part.*

Trois mille francs, qu'entends-je.

DELMENCE, *tombant sur son siége.*

Il est trop tard !

TOUS.

Que vois-je ?

MAD. DELMENCE.

Pourquoi nous avais-tu caché ?

DELMENCE, *avec la plus vive douleur.*

Ma mère !

BERCOUR, *à part.*

Quel soupçon....

FIN DU DEUXIÈME ACTE.

ACTE TROISIEME.

CHEZ DELMENCE.

Le théâtre représente une chambre commune à toute la famille ; au fond, une grande fenêtre qui laisse voir les toits environnans. A droite de la fenêtre, la porte d'entrée ; à gauche, la porte de l'atelier de Delmence. Au premier plan à gauche, une porte ; au second plan, une croisée à laquelle est suspendue une toile verte. Au premier plan à droite, la chambre d'Henriette ; à gauche, au même plan, une croisée)

SCÈNE PREMIÈRE.

Mad. DELMENCE, HENRIETTE, JULIEN, DELIGNY.

DELIGNY.

Eh ! non, non, vous dis-je, je n'accepterai point cet argent !... c'est le fruit du travail de Delmence, c'est le bonheur de sa famille qu'il avait en vue, en l'économisant : c'est à vous seul qu'il doit profiter.

Mad. DELMENCE.

Mais cet argent n'avait-il pas la destination que nous lui conservons, en te l'offrant.

JULIEN.

Mon ami, ne sois donc pas plus scrupuleux que moi.

HENRIETTE.

Prenez-le pour nous faire plaisir, puisque nous vous en conjurons tous.

DELIGNY.

Encore une fois, non ; vous ne me connaissez pas, je suis obstiné d'abord. Par exemple, je ne vous rendrai pas les dix francs de pour boire que j'ai tiré du sac, pour le cocher qui nous a ramené si bon train... ; mais si vous ne voulez pas me forcer à croire que vous avez l'intention de vous dégager de toute reconnaissance à mon égard, ne me pressez pas davantage. Tenez, parlons plutôt de votre mariage, mes bons amis, maman Delmence, vous me l'avez promis, il aura lieu avant mon départ.

JULIEN.

Quand mon bonheur n'y serait pas intéressé, puisque tu appelles cela le seul moyen de m'acquitter envers toi.

HENRIETTE.

Nous acquitter, Julien ?... C'est impossible, quoique nous puissions faire l'un et l'autre, notre dette envers ce généreux ami subsistera toujours.

DELIGNY.

Eh bien ! tout ce que vous voudrez, là... ; si j'ai fait quelque chose pour vous, vos caresses, vos remerciemens, vos bénédictions ne me paient-ils pas, et de reste. Le gain de deux mille poules à cinq cents francs ne serait pas à comparer... ; d'ailleurs, qu'est-ce qu'il y a de si merveilleux?... une absence de quelques années... Les voyages forment la jeunesse..., çà ne peut pas me nuire..., je sais bien qu'il y a quelques chances à courir... Eh bien! si j'y reste, tout est dit : je vois que je n'aurai plus besoin de grand chose... Un souvenir, un regret, voilà votre dette payée... Si j'échappe, au contraire, je reviens, je réclame un petit coin chez vous... ; vous avez des enfans alors, vous les placez sur mes bras, vous leur dites : embrassez ce brave garçon, à qui vous devez l'existence... Ils me sautent au cou..., moi, je pleure d'attendrissement... Ils pleurent, vous pleurez aussi, nous pleurons tous, et... et... entre nous, je crois que c'est déjà ce que nous faisons par anticipation.

TOUS.

Aimable et généreux ami.

DELIGNY.

Conçoit-on çà, voilà la deuxième fois aujourd'hui. Depuis que je me connais, ça ne m'était pas encore arrivé. C'est dommage que les émotions de la journée aient causé un malaise assez fort à ce pauvre Delmence, pour l'obliger à s'éloigner de nous... des larmes comme celles-là... ça lui aurait fait du bien.

Mad. DELMENCE.

Eh! c'est la suite du travail forcé qu'il avait entrepris à notre insçu, pour amasser tout cet argent; il était déjà malingre, avec ça les inquiétudes, et puis les nuits entières...

HENRIETTE.

Cependant, ma mère, vous ne craignez pas...

Mad. DELMENCE.

Je ne sais trop; s'il reposait un peu... je serais plus rassurée; mais voilà deux fois que je retourne auprès de lui, et deux fois je l'ai trouvé dans une agitation qui m'alarme.

DELIGNY.

Eh bien! nous allons avec vous, mes soins, notre gaieté le distrairont peut-être.

Mad. DELMENCE.

Non, mon ami, lorsqu'il souffre, Delmence voit avec peine du monde autour de lui, son état de marasme le rend plus difficile à vivre.

HENRIETTE.

Ah! oui, ce pauvre frère, il n'y a que ma mère qu'il idolâtre, qui puisse en tout temps, à toute heure, s'offrir à ses regards, sans le contrarier.

Mad. DELMENCE.

Demeurez donc, je vais essayer de le déterminer à venir un moment partager notre félicité.

JULIEN.

Eh bien! c'est cela, allez ma mère.

SCÈNE II.

DELIGNY, JULIEN, HENRIETTE.

JULIEN.

C'est une drôle de chose, ce que je vas vous dire, mais, je ne sais pas si j'ai bien la tête à moi. Quand je pense qu'il y a peu d'instans il fallait renoncer à Henriette, abandonner tout ce que j'aime ; que, maintenant, je n'ai plus qu'à m'occuper des apprêts de mon mariage, je ne sais plus où j'en suis : ça me semble un rêve ; enfin je suis comme un fou.

DELIGNY, *qui paraît réfléchir en regardant l'argent.*

Laisse-moi, laisse-moi !

JULIEN.

Qu'as-tu donc ?

DELIGNY.

J'ai, j'ai, oui c'est bien cela !... mes amis, il n'y a personne qui pousse plus loin la prévoyance et les réflexions, quand il s'y met, que celui qui n'a jamais rien prévu pour lui-même, et qui n'a jamais réfléchi de sa vie pour les autres ; et je suis de ces gens-là, moi ; et voilà mon raisonnement : vous vous aimez, vous allez vous unir ; vous êtes jeunes, vigoureux, pleins de santé ; votre intention est de vous livrer avec ardeur au travail ?

JULIEN.

Et maintenant que mon activité ne sera troublée par aucune perspective affligeante, je redoublerai de zèle ; Henriette a du courage.

HENRIETTE.

Oui, pour te seconder.

JULIEN.

Et j'espère que nous entretiendrons une douce aisance dans la famille.

DELIGNY.

C'est charmant... ; mais il y a des maladies, des mortes saisons, des événemens imprévus dans le monde ; on peut mourir, même, ça se voit.... si Delmence et sa mère vous survivent.

JULIEN.

Le Ciel nous conservera long-temps à leur tendresse.

DELIGNY.

C'est possible ; mais prêtez tous les deux l'oreille à mon expérience. Mille écus à cinq pour cent, font cent cinquante écus de rentes perpétuelles. En viager, on peut s'en faire à-peu-près le double. Sans rouler carrosse, avec ça on peut exister. Placez-moi cet argent sur la tête de Delmence ; s'il meurt le premier, vous n'attendez pas après son héritage. Ainsi vous serez toujours sur vos jambes ; s'il survit, la petite rente sera toujours là... et voilà !

JULIEN, *sautant au cou de Deligny.*

Ah! mon ami, tu m'enchantes!...

HENRIETTE.

Il raisonne comme un garçon sensé.

DELIGNY.

Vous trouvez?... eh bien! mettons sur-le-champ l'idée à exécution. Delmence insisterait peut-être aussi, pour me faire accepter cet argent; cela me contrarierait, me donnerait de l'humeur; quand il le demandera, qu'il ne puisse revenir sur l'emploi que nous en aurons fait... Eh vite! emparons-nous de ces sacs, et en route.

JULIEN.

Oh! pour le coup, tu n'as pas d'objections à craindre, partons!... Mon Henriette, nous serons de retour dans un moment.

HENRIETTE, *les regardant aller.*

Je ne resterai pas oisive en vous attendant.

SCÈNE III.

HENRIETTE, *seule.*

(Elle ouvre un petit coffre, y prend un dé, des aiguilles et du coton.)

C'est pourtant vrai que la cérémonie du mariage pourrait être faite avant la cravatte et le jabot du marié. Et moi, qui me disais si bien, en travaillant tous les soirs, en cachette dans ma chambre, avant de me coucher, j'ai le temps. Eh bien! pas du tout, si je veux que ce soit fini, il ne faut pas que je m'amuse... Mais, voici ma mère; Delmence l'accompagne.... Je vais lui demander de ses nouvelles auparavant.

SCÈNE IV.

HENRIETTE, DELMENCE, Mad. DELMENCE.

HENRIETTE.

Eh bien! mon frère, comment te trouves-tu?

DELMENCE, *préoccupé.*

Assez bien, Henriette, merci.

HENRIETTE.

Oh! tant mieux, mon ami. Maintenant, tu le sais, il ne sera plus question que de bonheur ici... nous pourrons désormais te rendre tous les soins que tu as pris de nous... Tu reprendras ta gaîté.

DELMENCE, *s'efforçant de sourire.*

Oui, oui, ma sœur.

Mad. DELMENCE.

Laisse-nous, mon Henriette.

HENRIETTE.

Oui, ma mère. *(à part.)* Et vite à l'ouvrage... *(Elle se retire)*

SCÈNE V.

DELMENCE, Mad. DELMENCE.

Mad. DELMENCE.

Mon ami, ton état n'est pas naturel. Je t'ai vu malade, préoccupé, mais jamais irritable, jamais sombre à ce point.

DELMENCE.

Je souffre beaucoup, je l'avoue.

Mad. DELMENCE.

Faut-il que ta tendresse pour moi, ton attachement pour ta famille, soient cause du fâcheux état où je te vois.

DELMENCE.

Ma mère !

Mad. DELMENCE.

Sans ton opiniâtreté à nous cacher que tu prenais un mal au-dessus de tes forces, jamais je n'eusse souffert...

DELMENCE.

Hélas ! sans la fausse position de ma famille, je n'eusse jamais entrepris. *(a part)* O mon Dieu, vous le savez !... *(Haut.)* Si j'avais pu prévoir que Deligny... Généreux ami, son dévoûment aussi noble que délicat ne peut que lui faire honneur, à lui.

Mad. DELMENCE.

Je l'apprécie, comme toi, mon ami ; mais le mal que tu t'es donné depuis douze ans pour le bien-être de ta mère, pour élever ta jeune sœur, n'est-il pas honorable aussi ? Sans nos inquiétudes sur toi, qui pourrait m'affliger encore ? Henriette unie à ce qu'elle aime, à l'enfant de notre adoption ; ajoutons à ces motifs une somme d'argent...

DELMENCE.

Juste ciel !

Mad. DELMENCE, *continuant.*

Que la délicatesse de Deligny nous laisse malgré nos instances, et qui fait un petit fonds d'épargnes que nous aurons toujours intact jusqu'à la dernière extrémité... Enfin c'est un bonheur réel, car nous ne comptions pas sur ce fruit de ton travail.

DELMENCE, *comme malgré lui.*

Vous ne savez pas ce qu'il me coûte ?

Mad. DELMENCE.

Malheureux ! je le sais trop qu'il te coûte la santé, ta vue...

DELMENCE.

Ma mère, tout cela n'est rien : je voudrais pouvoir vous dire... Non, non jamais ; vous ne saurez pas tout le mal...

Mad. DELMENCE.

Mon fils, ton agitation, tes réticences m'inquiètent malgré moi. Delmence, mon ami, réponds à ta mère chérie : dis-moi la vérité tout entière ?

DELMENCE, *épouvanté.*

La vérité!...

MAD. DELMENCE.

Je croyais tout cet argent le résultat de ton travail; il n'a pas suffi, peut-être, et le jeu...

DELMENCE.

Non.

MAD. DELMENCE.

Non, dis-tu?... Cependant tes regards plus sombres se détournent des miens, s'attachent vers la terre. (*Elle lui prend la main*) Ta main tremble dans la mienne... Delmence, que dois-je penser? cet argent ne peut être le fruit d'une mauvaise action?... c'est un emprunt, peut-être, parle... mais parle donc... cet argent ne t'appartient pas?...

DELMENCE, *avec explosion.*

Eh bien! non, ma mère, il ne m'appartient pas.

MAD. DELMENCE.

Eh malheureux !... il faut le rendre.

DELMENCE.

Et comment le rendre! (*comme frappé d'une idée subite.*) Attendez... Oui... le rendre... Ah! pourquoi cette idée n'est-elle donc pas venue adoucir mon désespoir?

MAD. DELMENCE.

Ton désespoir...

DELMENCE.

Eh! ma bonne mère, si vous saviez comme ce conseil fait du bien à votre malheureux fils... oui, je respire plus librement.... le calme renaît dans mon âme.... Oh bénie, mille fois bénie, votre tendresse !... (*à lui-même.*) Je pourrai recouvrer ma propre estime, je pourrai regarder mon semblable sans rougir.. O mon Dieu! tu auras jeté un regard de pitié sur mes remords !...

MAD. DELMENCE.

Mon fils, quel égarement ?

DELMENCE.

Ma mère, point de retard... à l'instant même... où est-il ? où l'avez-vous mis ?

MAD. DELMENCE.

Il était là... sur cette table.. Henriette l'aura serré, peut-être.

DELMENCE, *vivement.*

Henriette ! Henriette !

MAD. DELMENCE.

Attends-donc !

DELMENCE.

Laissez-moi, ma mère !.. Henriette ! Henriette !

SCÈNE VI.

Les Mêmes, DELIGNY, JULIEN, puis HENRIETTE.

DELIGNY.

Pourquoi ces cris ? que demandes-tu ?...

HENRIETTE, *accourant.*

Me voilà.

DELMENCE.

Les mille écus !

DELIGNY.

Ah ! c'est çà ?

JULIEN.

Rassure-toi !

DELIGNY.

Tiens ! regarde.

DELMENCE, *saisissant le papier que lui présente Deligny, mais ne pouvant lire, à cause de son trouble et de l'affaiblissement de sa vue.*

Je ne le puis... Mais, au nom du ciel, les mille écus !

Mad. DELMENCE, *s'emparant du papier.*

Une inscription de rente viagère, en ton nom ?

DELMENCE.

Une rente ! je comprends... C'est le coup de la mort.

(*Prêt à perdre connaissance; il tombe sur un siége. Toute la famille s'é-lance vers lui, en poussant un cri d'effroi.*)

Mad. DELMENCE.

Mon fils !...

HENRIETTE et JULIEN.

Mon frère !

DELMENCE.

Ma mère !... mes amis, rassurez-vous... ce n'est rien... une faiblesse... je me sens mieux... (*à part.*) Juste ciel !.... voilà ta vengeance, tu ne laisses plus au coupable un moment de tranquillité...

SCÈNE VII.

Les Mêmes, CORVÉE.

CORVÉE.

Peut-on entrer ?

DELMENCE.

Quelqu'un ?

CORVÉE.

Excusez, la compagnie, si je vous dérange... ce n'est pas moi, c'est une lettre.

Mad. DELMENCE.

Une lettre ?

CORVÉE.

Oui, de la part de M. Bercour...

DELMENCE.

De Bercour ?

CORVÉE.

Monte voir , qu'il m'a dit , dit-y , comma-ça , chez M. Delmence , tu lui remettras ce papier... le v'là.

DELMENCE.

Donne...

CORVÉE.

Il attend la réponse en bas .

JULIEN , à *Henriette* et à *Deligny*.

Que peut vouloir encore de nous , cet homme ?
(Mad. Delmence s'est avancée pour prendre le billet et le lire , Delmence s'y refuse et s'efforce de le déchirer.)

DELMENCE.

Que vois-je ? saurait-il... Grand Dieu ?

MAD. DELMENCE , *avec inquiétude.*

Mon ami , cette lettre paraît augmenter ton agitation ; M. Bercour n'est point étranger au funeste emprunt ?

DELMENCE.

Silence ma mère !... (à *Corvée.*) Dites à Bercour que je l'attends.

CORVÉE.

Ça suffit... Bien le bon jour , messieurs , mesdames , la compagnie. (*Il sort.*)

SCÈNE VIII.

LES MÊMES , excepté CORVÉE.

HENRIETTE.

Quoi ! mon frère , tu consens à recevoir encore cet odieux...

DELMENCE.

Ma mère , mes amis , j'ai besoin de demeurer seul quelques instans avec lui ; veuillez vous retirer...

JULIEN.

Mon ami , je ne sais si nous devons...

DELMENCE.

Je vous en conjure...

MAD. DELMENCE.

Cédons à ses désirs ; venez , mes enfans. (*A part.*) Je n'en saurais douter , tout ceci cache un mystère pénible , effrayant... O mon Dieu ! détourne de nous ta colère , et donne-nous enfin le repos.

SCÈNE IX.

DELMENCE , *seul.*

Ainsi , tout ce que le zèle de ceux que j'aime entreprend pour m'être utile , tourne à l'instant même contre moi... Chaque élan nouveau de leur tendresse est une secousse qui me précipite à sa perte... Le coupable ne peut échapper au châtiment !

Et pour comble d'humiliation, ce Bercour infâme, qui, pour séduire ma sœur, spéculait sur notre dénûment, il faut le revoir!... Il veut me parler, à l'instant, sans témoins, et l'ambiguité menaçante du peu de mots qu'il m'adresse, achève de m'accabler. Le misérable, qui jeta dans mon sein le premier germe d'une pensée criminelle, semble avoir deviné quels fruits ont porté ses avides conseils... Ah! si du moins les preuves anéanties... Mais l'ai-je pu?

SCÈNE X.
DELMENCE, BERCOUR.

BERCOUR, *entre avec précaution.*

Nous sommes seuls ici?

DELMENCE.

Oui.

BERCOUR.

Tant mieux. Écoutez, Delmence, je vais droit au but... Un coup de bourse, une hausse inattendue, vient aujourd'hui de compromettre, de renverser ma fortune; ma ruine est complète si dans deux heures je n'ai satisfait à mes nombreux engagemens.

DELMENCE.

Eh bien! Monsieur?

BERCOUR.

Eh bien! voyez la suite... Les poursuites, les tribunaux, la prison...

DELMENCE.

Enfin...

BERCOUR.

J'ai recours à vous...

DELMENCE.

A moi! Que puis-je faire?

BERCOUR.

Me tirer d'embarras.

DELMENCE

Et c'est auprès de moi que vous ôsez....

BERCOUR.

Point de mots inutiles, je sais tout.

DELMENCE.

Monsieur...

BERCOUR.

Un autre pourrait se fâcher de votre manque de foi... j'aime mieux profiter de vos avantages.

DELMENCE.

Qu'espérez-vous?

BERCOUR.

Cent mille francs. La moitié tout de suite, le reste dans peu de jours, et cette complaisance vous assure mon amitié, comme elle vous répond du secret.

DELMENCE.

Misérable!...

BERCOUR.

Des injures?... Vous ai-je fait des reproches, moi? Je vous offre autrefois une façon de fortune, pour entrer en partage; vous travaillez pour vous seul; je me doute de la supercherie; je me contente de réclamer sans bruit mes droits, ce n'est que justice... (*Delmence veut l'interrompre.*) Épargnez-moi de nouvelles phrases. De votre propre aveu, sans ressources ce matin, vous en avez ce soir... Sous prétexte de maladie, toutes vos commandes ont été suspendues, et l'on découvre que dans le plus grand mystère, vous travaillez nuit et jour sans relâche... Votre mère avoue dans la journée que votre maison ne vit que sur les modiques appointemens de votre sœur et de votre Julien, et vous faites échanger, quelques heures après, des billets de banque... (*Delmence veut encore l'interrompre.*) Deux mots encore. Je fais des rapprochemens, des remarques... Mes observations, la surprise de la famille, me donnent l'éveil... Votre trouble me frappe, tout enfin m'éclaire sur la nature de votre application cachée, et je me dis : « Delmence a profité » de mes conseils, (*plus haut*) Delmence a fait de faux billets de » banque. » (*Vivement*) Osez le nier!

DELMENCE.

De grâce, n'élevez pas la voix.

BERCOUR.

C'est un aveu. Donnez-moi donc cent mille francs.

DELMENCE.

Non.

BERCOUR.

Y songez-vous?

DELMENCE.

Puisque tu l'as pénétré, ce fatal secret, je ne songerai point à me défendre... Oui, pour conserver Julien à ma famille, j'ai mis à exécution tes coupables idées; mais je jure par cet être suprême qui lit au fond de nos cœurs, que là seulement se bornaient mes vœux.

BERCOUR.

Peu m'importe jusqu'où tu songeais à les élever, pourvu que tu satisfasses les miens. Cent mille fr., ou je cours te dénoncer.

DELMENCE.

J'irais plutôt moi-même que d'agraver mon crime par cette affreuse condescendance...

BERCOUR.

Malheureux! ta famille!... et Julien!... il repart, alors!... elle est déshonorée!...

DELMENCE, *égaré.*

Parle plus bas, ils sont tous là.

BERCOUR.

Ta mère, si délicate sur tout ce qui regarde la probité !...

DELMENCE.

Au nom du ciel...

BERCOUR.

Elle mourra de douleur en te maudissant.

DELMENCE.

Tais-toi, par pitié !...

BERCOUR.

Eh bien ! je me tairai... mais viens...
(*En disant ces mots, il va vers le cabinet de Delmence.*)

DELMENCE, *élevant un peu la voix.*

Non, non.

BERCOUR, *ouvrant la porte.*

Crains qu'on n'entende.

DELMENCE, *suppliant.*

Arrête !

BERCOUR *pénètre.*

Il faut en finir.

DELMENCE.

Qu'oses-tu faire ?... Je ne veux point. .

BERCOUR, *le repoussant.*

Tes efforts sont inutiles. (*Il cherche sur la table de travail.*)
L'instinct de la nécessité me guide.....

DELMENCE.

Ah !

BERCOUR.

La voilà ! (*élevant la planche qu'il tient en main en rentrant en
scène.*) Je la tiens !....

DELMENCE, *réunissant toutes ses forces et la lui arrachant.*

Tu ne t'en serviras pas.... (*Il s'écarte brusquement de Bercour.*)
je souffrirai tout plutôt. (*Il prend un outil, raye la planche et la
jette aux pieds de Bercour..*) Soit anéanti à jamais ton espoir avec
l'instrument de ton crime !... tiens !....

BERCOUR.

Il est possible !...

SCÈNE XI.

**Les Mêmes, DELIGNY, JULIEN, Mad. DELMENCE, HEN-
RIETTE.**

DELIGNY, *entrant le premier.*

Quel vacarme !

Mad. DELMENCE.

Mon fils !...

JULIEN et HENRIETTE.

Que signifie ?

BERCOUR, *à Delmence.*

Tu paieras cher ton imprudence. (*montrant du doigt la plan-che.*) Tremble...

TOUS, *avec effroi.*

Que dit-il ?

JULIEN, *ramassant la planche.*

Que vois-je ?

BERCOUR.

La justice me vengera.

Mad. DELMENCE.

Voilà donc cet affreux mystère expliqué ! vous, Delmence !

DELMENCE.

Ma mère, ne m'accablez pas.

BERCOUR, *voulant sortir.*

Adieu.

DELIGNY, *barrant le passage.*

Un moment.

BERCOUR.

Prétendez-vous me faire violence ?

DELIGNY.

Jusqu'à nouvel ordre, vous ne sortirez pas d'ici.

HENRIETTE, *avec effroi.*

J'entends du bruit.

JULIEN.

On monte l'escalier....

BERCOUR.

Nous allons voir.

DELIGNY, *à Bercour.*

Songez-y bien, pas un mot, pas un geste, ou ce sera le dernier.

BERCOUR.

Malédiction !...

SCÈNE XII.

Les Mêmes, CORVÉE, un Garçon de Banque, le Garçon restaurateur.

CORVÉE.

Suivez-moi, Messieurs, suivez-moi..... c'est ici.... tenez.... entrez.... (*stupéfaction générale.*)

TOUS.

Grand Dieu !

LE GARÇON DE BANQUE.

Je suis dans la demeure du graveur Delmence ?

JULIEN.

Oui, Monsieur.

LE GARÇON DE BANQUE.

Pourrais-je le voir ?

DELMENCE, *s'avançant.*

Me voici!

LE GARÇON DE BANQUE, *au garçon restaurateur.*

Reconnaissez-vous Monsieur?

LE GARÇON RESTAURATEUR.

Oui, c'est lui, c'est bien lui.

LE GARÇON DE BANQUE.

Il suffit.

(Ils sortent.)

SCENE XIII.

LES MÊMES, excepté les GARÇONS.

TOUS.

Que signifie!

CORVÉE.

Comment! c'est là tout ce qu'ils voulaient? ce n'était pas la peine de faire tant d'embarras dans la rue.... ça me rassure un peu....

JULIEN.

Comment?

CORVÉE.

Sûrement.... il y a de la garde là bas.... on parle d'arrestations.... on fait un tas de contes..,. vrai. ... sur le moment ça m'a fait peur....

MAD. DELMENCE, *alarmée.*

Je demeure glacée.

CORVÉE.

Ne faites pas d'attention, je redescends voir ce qui se passe. *(Il sort.)*

SCENE XIV.

LES MÊMES, excepté CORVÉE.

DELMENCE.

Ne vous abusez point, c'est moi qu'on vient arrêter.

DELIGNY, *à Bercour qui fait un mouvement.*

Vous m'avez entendu....

JULIEN.

Ce n'est qu'en me foulant aux pieds qu'on l'arrachera de ces lieux.

DELMENCE.

N'ajoute pas à ma faute par une résistance inutile, j'en dois subir le juste châtiment.

TOUS.

O ciel!

HENRIETTE.

Quel sort t'attend donc?

BERCOUR.

Sa propre main l'a tracée d'avance. (*Il montre la planche.*)
Oui, la loi punit de mort le contrefacteur.

TOUS.

La mort !

Mad. DELMENCE.

L'échafaud ! oh ! mon Dieu ! c'est pour me laisser vivre déshonorée que tu as prolongé ma vieillesse.

DELMENCE.

Ma mère !

Mad. DELMENCE.

Malheureux !

DELMENCE.

Qui donc aura pitié de moi, si vous m'accablez de votre
courroux !

JULIEN.

C'est sur moi seul qu'il doit tomber.

HENRIETTE.

Sur nous tous.... c'est sa tendresse qui le perd.

DELMENCE, *montrant Bercour.*

Non, non, le voilà le premier, le seul auteur de tous les maux
que j'éprouve.... que vous partagez.... Monstre, vois ma mère
mourante, ma famille désespérée.... c'est toi qui as amené,
dans cette maison et sur moi l'infamie.... la mort.... contemple
ton ouvrage et laisse éclater ton horrible joie. (*Il le presse vio-
lemment.*)

BERCOUR.

Cessez !...

DELMENCE

Que tout mon sang retombe sur ta tête coupable !
(On entend du bruit dans l'escalier.)

DELIGNY.

On approche... En gagnant le toit par la fenêtre de ton cabinet, tu peux encore te dérober...

BERCOUR

Qu'entends-je ?

DELMENCE.

Moi, fuir !... Ah ! ma mère me méprise : la mort ne saurait
arriver assez promptement.

TOUS.

Pardon ! pardon !

Mad. DELMENCE, *avec impétuosité.*

Fuis, malheureux ! je te pardonne.

DELMENCE.

Ah ! Je puis tout braver maintenant.... Henriette ! mes
amis,.... pour la dernière fois.. sur mon cœur.
(Tous s'y précipitent.)

DELMENCE.

Adieu, adieu.

(Il entre dans le cabinet ; Deligny en retire la porte sur lui et ôte la clef.
On frappe à la porte.)

Mad. DELMENCE.

On frappe.

HENRIETTE.

N'ouvrez pas...

(On frappe de nouveau.)

DELIGNY.

Il faut obéir maintenant. La clef !... (*A l'autre côté de la
scène.*) Par cette fenêtre.... il aura le temps.... (*Il la jette.*)

BERCOUR.

Je saurai bien.....

DELIGNY.

Silence ! ou tu suis la clef...

(Il va ouvrir.)

LES MÊMES, UN MAGISTRAT, GARDES.

LE MAGISTRAT.

La justice est informée que Delmence a fabriqué de faux billets de banque. Où est-il ? répondez.

BERCOUR, *qui s'est dégagé des mains de Julien et de Deligny.*
Dans ce cabinet.

DELIGNY.

Infâme Bercour !

LE MAGISTRAT.

Bercour. (*Il fait un signe.*) Qu'on s'en empare ! (*Aux soldats.*)
Ouvrez cette porte.

TOUS.

Aura-t-il le temps. ?...

(Un soldat ayant annoncé qu'il n'y a point de clef, le magistrat fait un
geste, la porte est enfoncée.)

DELIGNY, *à Julien.*

Le malheureux !

JULIEN, *montrant à Deligny Delmence, qui, de la fenêtre de son
cabinet, est monté sur les toits.*

Il est sauvé.

(A ce mot un des gardes se retourne, aperçoit Delmence et s'apprête à le
coucher en joue. Henriette se jette au-devant de l'arme qu'elle relève.
Cependant Delmence a pu atteindre le faîte du toit ; mais il chancelle,
le pied lui manque. Dans les efforts qu'il fait pour se retenir, il entraîne
avec lui les tuiles brisées, et tombe hors de la vue des spectateurs, qui
poussent un cri d'effroi.)

FIN DU TROISIÈME ET DERNIER ACTE